**Money錢**

**Money錢**

站在巨人肩膀上

# 境界

吳軍　著

吳軍博士帶你領略先哲思想，
開拓人生新視界

**Money錢**

# contents

# 前 言

　　說到境界，大家不免會問一個問題，什麼是境界？很多人覺得這個概念比較虛，又比較寬泛，似乎怎麼解釋都可以，而想要提高境界又不知道從何處下手。其實，境界並不抽象，提高境界也不難，它有規律可循。

　　講到境界的本質，我首先會想到多年前看過的葛優先生主演的一部電影《大腕》。影片中的男主角通過扔幾塊石頭，向女主角解釋什麼是境界。他先把一塊小石頭扔到腳邊不遠處，再扔一塊石頭到遠一點的地方，最後使足氣力，把石頭扔得老遠。然後，男主角指著三塊石頭講，你能看這麼遠，我看得比你遠，大師看得比我遠，這就是境界。最後，男主角又補充道，佛看得無限遠，意思是說，佛的境界最高。這個比喻很直白，卻多少有些道理，因為境界高的第一個表現就是看得遠。

　　根據《說文解字·新附》[1] 對「境」字的解釋，它是疆域的意思。界很好理解，是邊界的意思。一個人對世界、對人心、對歷

---

1 宋太宗雍熙年間，徐鉉奉詔與句中正等人共同校訂《說文解字》一書，糾正訛誤，新增 402 字。這些字被稱為「新附字」，「境」字在其中。書中講「境：疆也」。

史和現實看得多遠，就構成了這個人境界的第一層。有些人只能看到眼前發生的事情，有的人能夠預知未來，境界孰低孰高，就不言而喻了。

境界的第二個層次是看得透。對於當下發生的事情，大家都看得見，但是有人看得透，有人看不透。境界的高下就立判了。我從上個世紀末開始，經歷了世界經濟的幾次起伏週期，以及隨之而來的金融市場的幾次震盪。在這個過程中，我有幸見證各種人對當時發生的事情的看法、態度和做法。

20世紀90年代末，我們趕上了網際網路的高速發展。幾乎所有人看到的都是當時欣欣向榮的景象，很少有人能看透表象下的危機，隨便一檔股票不問價值就敢投資。唯有巴菲特對泡沫化的網際網路不以為然，大家都嘲笑他老了，跟不上形勢了。隨後很快就是網路泡沫的崩潰，於是絕大部分人的看法又來了一百八十度大轉彎，不再敢碰股票了。這時，巴菲特反而認定，真正好的資產並不因為股票的價格下降就失去了內在的價值，最後事實證明他是對的。

到了2008年全球金融危機，絕大部分人覺得世界經濟要完蛋了，不計損失地拋售各種資產，巴菲特卻在別人恐慌的時候顯示出他的「貪婪」，大量購進優質資產。事實證明他又是對的。

在此後的全球疫情期間，情況也大抵如此。今天，絕大部分

人看到的世界和巴菲特是一樣的，獲得的資訊一點不比他少，但是對金融市場就是看不透。在這些看不透的人中，有無數的聰明人，無數世界名校的畢業生，無數在市場上跌打滾爬了多年的老兵。但是，他們對於當下和未來依然看不透，這不是智力和學識的問題，是境界的問題。

境界的第三個層次是要看得開。但凡要做成一些常人做不成的大事，就要有所捨棄，就要放下心中的一些魔障。簡單地講，就要看得開。

當代社會有兩個大問題，第一個問題就是很多人對身邊的事看不開。家長會因為孩子們一兩次考試沒考好著急上火；年輕人會因為自己的工作沒有得到上級的肯定從此心灰意冷；商人們會因為失去了一筆生意長期悶悶不樂；運動員們會因為一兩次輸掉比賽變得怯場。

第二個問題是很多人太把自己當回事，其實世界上離開了誰都照樣轉。藝術家英若誠曾講過自己的一個經歷。他生長在一個大家庭中，每次吃飯都是幾十個人一起吃。有一次，他突發奇想，要和大家開個玩笑。吃飯前，他藏到了一個不起眼的櫃子中，想等到大家到處找不到自己著急時再出來。但結果卻是，大家誰也沒有注意到他的缺席，吃完飯就各自離開了。最後他無趣地走出來，只能吃一些剩菜剩飯。

今天人們的生活環境比一百年前好很多，更不要說和古代相比了。但是看不開的人不僅沒有減少，似乎還在增加，大家不妨看看身邊的人，就不難發現我所言非虛。

但凡一個人能做到看得遠，看得透，看得開，他的生活就不會差，他的事業也必將蒸蒸日上。反之，一個看不遠，看不透，看不開的人，即便是腰纏萬貫，學富五車，擁有無限的資源，也未必過得幸福，未必能做成大事。換句話說，境界比學識、財富和資源更重要。

那麼如何提高境界呢？我其實沒有答案，但是我知道，人類歷史上境界最高的一群人是創造了人類知識和智慧的先哲們。他們窮其一生探究做人的真諦、理解世界的方法、獲取知識的途徑，以及超越自我的修行。他們的智慧，經歷了成百上千年無數人的驗證，證明對我們是有益的，有用的，有效的。

因此，我將這些先賢們介紹給大家，讓大家呼吸他們的氣息，相信會對每一個努力提高自己境界的人大有裨益。當然，他們的思想博大精深，而我的水準又很有限，因此我只能將那些我理解得還算透徹，並且在我身上應驗過的思想和智慧介紹給大家。我的這本小冊子《境界》，只能算是一個入門的讀物和心得的分享。希望它能夠給大家打開一扇門，讓大家看到一個由哲人組成，充滿智慧的世界。

　　幾十年前，我讀了那些充滿人生智慧的經典著作後，對世界和自我的看法有了巨大的改變，並且隨後一直在用那些先賢的智慧指導我做事情。我很慶幸自己在過去的幾十年裡能夠不斷進步，這要感謝從他們身上獲得的智慧。當然在這幾十年裡，我對他們的思想理解也更加深刻了。我相信大家在接受了先賢們的智慧之後，會變成一個境界更高的人。

# 第1章

## 了解自己和世界

# 知人者智
# 自知者明

自我洞察、探索世界，
是提升境界的起點

一個人見識的高低取決於他對這個世界的了解程度，以及他做出合理判斷的能力──所見的多少決定了「見」的程度，而判斷力就是「識」的水準。一個人的境界取決於他內心取捨的門道。

大千世界精彩紛呈，但是人的眼睛盯在哪裡，被什麼樣的人感動，就可能會成為什麼樣的人。如果一個人的眼睛盯在知識上，那他即便不能成為學者，至少也不會成為一個無知的人。相反，如果一個人的眼睛裡只有錢，那他一定成不了學者。如果一個人心裡裝著他人，那他即便不能成為聖賢，也會成為一個善人。但是，如果一個人心裡只有自己，那他一定不會成為聖賢。當然，最後的一切在於行動。眼睛盯著正確的方向，有了獲得新知的工具，還需要親自去觸碰這個世界。

這些智慧，早在軸心文明時代，那些先賢就知道了。當一個人為那些先賢的思想所感動時，他很可能成為有智慧、有境界的人。所以，我們不妨先聽聽古希臘的先賢怎麼說。

# 我們如何知道自己
# 所見非虛？

　　如果一個人只生活在很小的世界，沒有見過多少世面，自然談不上見識。但是，如果我們見到了一些事情，看到了世界，怎麼知道自己所見非虛呢？對於這個問題，無論是東方的孔子還是西方的柏拉圖，都有過深刻的思考。

　　《呂氏春秋》中講了這樣一個故事：

　　孔子窮乎陳、蔡之間，藜羹不糝，七日不嘗粒。晝寢。顏回索米，得而爨之，幾熟，孔子望見顏回攫其甑中而食之。選間，食熟，謁孔子而進食。孔子佯為不見之。孔子起曰：「今者夢見先君，食潔而後饋。」顏回對曰：「不可。嚮者煤室入甑中，棄食不祥，回攫而飯之。」孔子歎曰：「所信者目也，而目猶不可信；所恃者心也，而心猶不足恃。弟子記之：知人固不易矣。」故知非難也，所以知人難也。[1]

---

1 張雙棣：《呂氏春秋譯注》，北京大學出版社 2011 年版。

　　這是什麼意思呢？孔子周遊列國時，被困在陳國和蔡國之間，7 天都吃不上飯，只能喝些野菜湯。白天，孔子正在休息，弟子顏回出去討米，討到米回來就煮飯。米飯快煮熟的時候，孔子看見顏回用手抓鍋裡的米飯吃。過了一會兒，飯熟了，顏回請孔子吃飯。孔子假裝沒看見顏回剛才抓飯吃的事情，他坐起來說：「剛剛我夢見了我父親，這鍋米飯還沒動過，我們先拿來供奉一下先人，然後再吃吧。」

　　顏回答道：「不行。剛剛煮飯時有煤灰掉進了鍋裡，我把弄髒的飯抓了出來，但是丟掉糧食不吉利，我就自己吃了。」孔子感歎道：「都說眼見為實，但眼見不一定為實；都說我們可以依靠自己的內心作出判斷，但內心往往也會欺騙自己。弟子們要記住，了解一個人是很不容易的。」所以，了解一件事情的真相並不像我們想像的那麼容易，而了解人性的本質就更難了。

　　無獨有偶，古希臘先哲柏拉圖對這個問題也進行過深刻的思考。在《理想國》第七卷中，他借蘇格拉底之口講了一個故事。

　　在一個很長的洞穴裡，有一群人面壁而坐，他們的雙腿和脖子都被捆住，不能移動也不能扭頭。他們的背後是一條馬路，馬路上車水馬龍，喧囂熱鬧。馬路的另一邊是燃燒的大火，火光把馬路上的情景和這一排人的影子投到了岩石牆壁上。這些人能看到自己的影子，以及馬路上來往穿行的人、車和騾馬的影子，

也能聽到各種聲音，因此感覺非常真實。這就是他們理解的世界——牆上黑色的影子和嘈雜的聲音。如果問他們人長什麼樣，我想他們肯定會說，所有人都是黑色的，因為他們理解的人都是一些黑影。

後來，有一個人因為某種原因掙脫了束縛，沿著路走出了洞穴。他看到了「真實的」世界，見到了陽光，聽到了鳥語，聞到了花香，在湖水中看到了自己的樣子，這才知道原來人不是黑色的。他趕快跑回去把這個情況告訴大家。當他從光亮處再次進入黑暗的洞穴，他什麼都看不清，只能大聲說出自己看到的一切。但是沒有人相信他，因為對洞穴裡的人來說，他們看到的影像就是最真實、最鮮活的，有聲音，有動感；這個從洞穴外回來的人說的東西反而像是幻象。

柏拉圖通過這個故事告訴我們，在追求真理的過程中可能會遇到什麼樣的誤區。

第一次聽到這個故事時，很多人會覺得它是《莊子‧秋水》中那個井底之蛙故事的希臘版，但其實他們講的完全是兩回事。莊子講的故事涉及的是大和小、局部和整體等辯證關係。他想告訴我們，當你沒有感知到一個世界的時候，你是想像不到它的樣子的。柏拉圖的洞穴隱喻涉及的則是真實與影像的區別，是求真過程中的誤區。他是要告訴我們，我們的感知可能在欺騙我們，

我們看到的世界可能只是幻象——既然洞穴裡的人不能證明自己的所見所聞不是幻象，那跑出洞穴的人又如何證明自己的所見所聞就一定是真實的呢？

要解決莊子提出的問題，我們需要行萬里路，多了解外部世界，累積經驗。要解決柏拉圖提出的問題則要困難許多。不過，對於這個問題，柏拉圖其實是給出了答案的，那就是去上學，接受教育，跟別人討論，通過別人的經驗和感受來幫我們驗證自己的感受是否準確，自己所了解的世界是否真實。

事實上，柏拉圖講這個故事就是為了回答人為什麼要上學接受教育。在過去很長的時間裡，我一直在思考一個問題——為什麼自學的效果通常比不上在學校接受系統教育的效果？根據我的經驗以及我對別人學習的觀察，自學一個知識點尚可，自學一門全新的課程則很難。但這又是為什麼呢？教科書都是一樣的，老師講的內容和教科書上寫的也是相同的，為什麼自學的效果不好呢？柏拉圖給了我答案。

原來，自學很難驗證我們的理解是否正確，**而上學的優勢不在於講臺上站了一個人，而在於周圍有一群人幫我們驗證自己掌握的知識是否正確**。學校有一整套方式檢驗我們是否把該學的內容學懂了。無論是做練習還是參加考試，都是為了這個目的。

我在約翰・霍普金斯大學讀書時發現了一個現象：如果研究

生的哪門課程看書也能學會，通常選這門課的人就很少，因為大家可以自己學；學生們喜歡選的課程，通常都有很多課堂討論，需要同學們在一起解決問題，因為只有經過討論，才能得到所謂的真知。

　　我每次在「得到 App¹」的專欄《矽谷來信》中講到有關教育的話題，都會引起大家熱烈的討論，因為對家長、學生和老師來講，教育是一個永恆的話題。但是，如果問大家教育的目的何在，不管他們在公開場合談論多麼高尚的理由，私下裡其實大部分人都搞不清楚。現實一點的人會說無非是為了找份好工作，有野心的人還會加上一條──實現階層晉升。

　　當然，還有人會說是家長、老師逼著他們學，或者教育法規定他們必須去學校，等等。在所有的答案中，我必須講，柏拉圖給出的是我聽過的最好的一個，因為檢驗自己經驗的真實性真的很重要，而教育教會了我們這一點。不僅在學習知識時我們需要檢驗知識的真實性，以及我們的理解是否正確，在生活的方方面面，我們都必須有方法來檢驗自己的感知和認識是真是假。而驗證的方法，既可以是一些客觀的標準，也可以是他人的感受，畢竟很多感受並不能用客觀標準來檢驗。

---

1 得到 App 是一款中國的知識內容平台 App。──編者註。

　　談過戀愛的人可能都有過這樣一種感受——不知道怎樣判斷對方是否真的愛自己。你可能會說，談戀愛是一種體驗，我感覺到她（他）愛我，因為我們在一起時很快樂，不在一起時又會彼此思念，等等。但是，某天對方跟一個異性朋友去吃了頓飯，你可能就沒那麼淡定了，你開始忐忑，甚至開始擔心別人會橫刀奪愛。這說明你其實並不完全相信靠自己感受所得到的答案就是準確的。根據自己的體驗所獲得的感受都是如此，對方說的甜言蜜語，你就更難判斷真假了。

　　此外，你是否愛對方，也是一個無法靠感受回答的問題。你可能一方面在享受兩人世界的美好感覺，另一方面也為失去了一些自由而苦惱，因此你有時可能會忙於自己的事情而不顧及對方的感受。這樣一來，即便你覺得自己真的很愛對方，而且確實愛得非常上心，在旁人看來也並非如此。

　　在現實中，絕大部分人最終都解決了這幾個問題。那究竟是怎麼解決的？他們不是靠自己苦思冥想作出理性判斷，也不是靠感情打動對方，讓對方言行一致，更不是靠偷看對方的手機去了解其更多資訊或內心的真實想法，而是通過他人和其他事情來驗證自己的經驗以得到答案。

　　比如，你去問對方的閨蜜、自己的好友，或者對方的親人，如果得到的回答都是對方愛你，你就踏實多了。再比如，你也可

以去看對方如何對待他人，在遇到矛盾，特別是當你和他（她）的利益發生衝突時如何處理，就能驗證你的經驗是否可信了。

在西方，無論是求職還是求學，那種客觀且能夠量化的衡量標準，比如考試成績或者名次，通常只是衡量一個人是否合格的諸多標準之一。它不僅不是唯一的，甚至不是最重要的。相比之下，推薦信則重要得多。而學校和單位看重推薦信，跟我們從朋友、閨蜜口中了解一個人是同樣的道理。

柏拉圖可以說是西方哲學史上第一位系統論述哲學問題的哲學家。他的老師蘇格拉底雖然所生活的時間更早，但是其理論缺乏完整性。更重要的是，蘇格拉底本人沒有留下任何著作，他的思想大多是通過柏拉圖轉述的，因此很難判斷有多少想法是蘇格拉底自己的，有多少是柏拉圖借老師之口說的。

古希臘的哲學，從蘇格拉底和柏拉圖開始就與早期的哲學分道揚鑣了。人類早期的哲學，都是從人所面對的世界，從自然現象和宇宙運動出發，思考世界變化的基礎，通常以樸素的神話方式表達出來。蘇格拉底和柏拉圖則不同，他們不在意自然現象和自然的問題，而是探討人最在乎的是什麼事情，比如人是如何感知世界、獲得知識的。

柏拉圖發現，人在認識世界時，會表現出一種在哲學上被稱為矛盾（ambivalence）的現象。雖然通常被譯為「矛盾」，但它

的含義其實更廣一些。但凡沒有明確是與非的答案，伴隨著兩種不同甚至是對立內涵的感覺和想法，都屬於它的範疇。

比如，戀愛中的人對於愛與不愛的感受，對於對方甜言蜜語的將信將疑，都屬於它的範疇。我們想要消除自己對世界含糊不清，甚至矛盾的看法，就需要和別人討論，因為別人會有與我們不同的經驗和感受。在討論、對比之後，我們要用理性來思考，而不是根據自己的好惡作判斷。

**討論問題有兩個前提：第一，大家都願意說出自己真實的感受；第二，大家都願意在共同的基礎上談論同一件事。**如果不能滿足這兩個前提，討論就沒有意義。或者說，那樣的討論不成其為討論。

先來看第一點。讓大家說出真實的感受不是一件容易的事情，因為這常常是一件吃力不討好的事情。曾國藩曾經跟他弟弟講，人需要至誠，對方才會說實話。生活中的事大抵如此。在討論時，很多人講的不是自己的想法，而是自己猜測的可能正確的想法。如果大家都這麼做，就會產生系統性偏差。結果是，即使我們的認知是錯的，也發現不了。更可怕的是，我們還會以為自己的認知得到了驗證。

再來看第二點。如果缺乏討論的基礎，討論是不會有結果的。因為在這種情況下，往往看似各種意見都蒐集到了，但它們卻只是對不同問題的闡述，起不到彼此驗證的作用。

　　**任何人要想增長見識，除了不斷獲得新的經驗，不斷通過理性的思考和討論去驗證，別無他法。**蘇格拉底講，未經審視的生活是不值得過的；柏拉圖則主張，沒有經過驗證的經驗是靠不住的。他們說的其實是同樣的道理。驗證真理離不開討論，蘇格拉底一生的治學方式就是啟發和討論。

　　不獨古希臘先賢是這麼做的，東方偉大的思想家孔子教育弟子的方式也是類似的。《論語》中記載了很多孔子和學生的對話，他也是以討論的方式傳授知識。很多人問我什麼是好的學習方法，其實這些先哲已經告訴了我們，那就是通過討論驗證真理。

**延伸閱讀**

◆ 古希臘：柏拉圖，《理想國》。
◆ 莊子，《莊子》。
◆ 瑞士：尚‧皮亞傑，《教育科學與兒童心理學》。

# 我們為何能對客觀世界
# 作出準確判斷？

　　柏拉圖說通過討論可以驗證我們對世界的看法及知識是否正確。這種理論的成立其實需要具備一個前提，那就是不同人對同一事物的看法具有共性。比如，我們說糖是甜的，即便對這種甜味的程度每個人感受不同，但大家都認可這是一種讓人感覺愉悅的味道，從生理上講會讓感覺神經興奮，與苦的味道相反。

　　如果張三感覺到的甜味實際上是李四感覺到的酸味，是王五感覺到的鹹味，那對甜味的討論就沒有意義了。類似的，人能夠理解對方的想法和行為，需要彼此的本性是相似的。正如《三字經》裡所說的，人是「習相遠」，但「性相近」的。但是，這個前提成立嗎？

## 我們能理解他人並作出準確判斷嗎？

大約在柏拉圖生活的年代[1]，中國的兩位哲學家莊子和惠子就這個問題進行了一場辯論，具體內容被記錄在了《莊子·秋水》中。由於辯論的地點在濠水的橋樑上，因此這場辯論也被稱為「濠梁之辯」。

> 莊子與惠子遊於濠梁之上。莊子曰：「鯈魚出游從容，是魚之樂也。」
>
> 惠子曰：「子非魚，安知魚之樂？」
>
> 莊子曰：「子非我，安知我不知魚之樂？」
>
> 惠子曰：「我非子，固不知子矣；子固非魚也，子之不知魚之樂，全矣！」
>
> 莊子曰：「請循其本。子曰『汝安知魚樂』云者，既已知吾知之而問我。我知之濠上也。」[2]

這段文字有點拗口，翻譯成白話，大致意思如下：

> 莊子和惠子出遊，到了濠水的橋樑上。莊子說：「鯈魚自在地游來游去，這就是魚的快樂啊！」

1 柏拉圖生活在約西元前 429～前 347 年，莊子生活在約西元前 369～前 286 年。莊子比柏拉圖小 60 歲，但他們生活的時代在時間上有交集。

2 陳鼓應譯註：《莊子》，中華書局 2016 年版。

　　惠子說：「你不是魚，怎麼知道魚的快樂呢？」

　　莊子說：「你不是我，又怎麼知道我不知道魚的快樂？」

　　惠子說：「正因為我不是你，所以不知道你的想法和感受；同樣，你不是魚，也不可能完全了解魚是否快樂。」

　　莊子說：「不要把話題扯遠，請回到原來的問題上。你問『你怎麼知道魚的快樂』這句話，表示你已經承認我知道魚快樂這個事實，才會有此問。我是在濠水上（觀察後）知道的。」

　　這個故事很有名，反映了中國古代哲學家對人類認知能力的思考。兩千多年以來，在這個問題上，支持莊子的和支持惠子的人都一直存在。惠子認為，不同個體之間是不可知的，莊子則認為可知。

　　公平地講，惠子的話似乎更符合常識和經驗——我們不是他人，因而未必能體會他人的感受和想法。但是，惠子的話裡有三個邏輯謬誤，都被莊子指出來了。

　　第一個邏輯謬誤是不當對比。在生活中，每一個個體都是不同的，不能隨便類比。比如，現實中確實存在惠子理解他人和世界的能力不如莊子的可能性，因此惠子不能理解魚的快樂，不等於莊子就不能理解。同樣，你可能不了解某種魚類，但不等於一個生物學家也不了解。

　　第二個邏輯謬誤是轉移話題。莊子講的是，人是否有可能了解魚的感受；惠子講的是自己不了解莊子的感受，這其實是兩回事，莊子發現這個問題，因此就把討論的話題拉了回來。

　　第三個邏輯謬誤是自相矛盾。既然惠子問「怎麼知道魚的快樂」這件事，就說明他已經默認「知道魚的快樂」這件事存在了。這就好比你詢問一個人是怎樣賺到錢的，這個問題本身就蘊含了對方已經賺到錢這個事實，否則這個問題在邏輯上就不能成立。莊子也指出了這一點。

　　當然，在現實生活中，沒有人會像哲學家那樣去鑽牛角尖。但是很多現實問題依然在莊子和惠子爭論的範圍內，特別是在「我們能否理解他人」、「我們能否對世界作出準確判斷」這兩個問題上。

　　先說對他人的理解。我們都知道十幾歲的孩子容易叛逆，世界各國都是如此。但是同樣一個孩子，成年之後就不再叛逆了，這是為什麼？我們常常把這種現象簡單地歸結於孩子在青春期還不懂事，成年後就懂事了。那麼什麼是懂事呢？其實，懂事就是指具有理解他人的能力。

　　今天，心理學家和教育學家已經發現，12 ～ 18 歲的孩子在這方面的能力還沒有發育好。他們常常會覺得自己已經長大了，有自己的想法了，但他們的看法常常很幼稚。他們的父母根據生

活經驗，常常會對世界有不同的看法。由於孩子不具有理解父母的能力，因此經常會和父母起衝突。等到 18 歲後，孩子們的心智會變得成熟，有些人慢慢變得能夠理解他人了，也就顯得不叛逆了。但有些人心智永遠成熟不起來，很多人已經為人父母了，依然不具備理解他人的能力。這樣的父母，和青春期的孩子在一起，吵架是在所難免的。

再說對事物的判斷。人是否有能力準確感知外界事物，作出準確判斷，至少在某些方面作出準確判斷呢？今天很多人對此依然持懷疑態度。比如，很多人會列舉經濟學家無法準確判斷經濟形勢，導致經濟危機發生的例子，或者戰場上的指揮官或經濟活動中的企業家誤判形勢導致慘敗的例子。還有很多人會想到，第二次世界大戰期間，德國和日本舉國上下誤判形勢的例子。難道這些不正說明人作出準確判斷的能力很差嗎？

正是因為作為認知主體的我們，要對外部世界作出判斷非常困難，蘇格拉底才會說出那句非常謙虛的話——「我唯一知道的就是我一無所知。」正因為如此，柏拉圖才會一直糾結於人是否具有這種能力，以至於羅馬帝國後期的哲學家把柏拉圖的學說發展成了懷疑主義。但是，有一位哲學家明確地告訴我們，我們能夠感知他人，能夠準確了解外部世界。這個人就是亞里斯多德。

## 亞里斯多德的思想

說起亞里斯多德，大家應該都不陌生。不過，很多人對亞里斯多德有誤解，因為第一次認識他是在小學講伽利略自由落體實驗的課文裡。亞里斯多德說重的球會比輕的球先落地，結果被伽利略的實驗否定了。看上去，亞里斯多德好像不過是個犯了錯誤的古代學者。但這其實是我們今天站在上帝的視角去評判古人。實際上，亞里斯多德非常偉大，他是古希臘哲學乃至世界哲學史上劃時代的人物，是古希臘哲學的集大成者。如果存在外星人，他們要求地球人提名一位全才學者，我想，這個人應該就是亞里斯多德。

亞里斯多德在當時人類幾乎所有的知識領域都有所貢獻。他一生做了大量自然科學的研究，涉足的領域包括植物學、動物學、物理學、化學等等。

對於這麼多學科，亞里斯多德把它們分為兩大類。研究事物形態的學科，包括今天各個自然科學的分支，被統稱為物理學。很顯然，亞里斯多德所說的物理學，其範圍遠超今天的物理學。對於自然科學之上的知識，亞里斯多德稱為形而上學（metaphysics）。metaphysics 這個詞由兩部分組成，meta 表示超越、在某個事物之後，physics 表示物理學。因此，形而上學就

是各具體學科之上的學問，包括今天所說的哲學等。

　　為了有效地認識世界、研究學問、發現新知，我們需要工具。亞里斯多德把各種方法都放在了《工具論》一書中，其中最重要的是邏輯學。亞里斯多德之於邏輯學，就如同歐幾里得之於幾何學，牛頓之於物理學。古典邏輯學的主要成就，比如我們常用的三段論這種推理工具，都是亞里斯多德總結出來的。在所有學科中，亞里斯多德把邏輯學放在最底層的位置，稱之為第一科學（First Science），因為它是其他所有學科都要用到的工具。當然，亞里斯多德所說的「科學」的概念也不是指今天的科學，而是泛指學問。此外，亞里斯多德對美學、政治學和倫理學等很多學科也都有重要貢獻。

　　亞里斯多德寫了大約 200 部著作，但只有 31 部流傳了下來。我可以很有信心地講，**當一個人真正了解了亞里斯多德為什麼了不起，並且從內心欽佩亞里斯多德時，他離有知識、有智慧就不遠了。**

　　拉斐爾[1] 在他的名畫《雅典學院》（見圖 1-1）中，讓亞里斯多德與其老師柏拉圖一起站在畫面最中央，並肩而行。這既是為了顯示亞里斯多德在學術史上的地位，也是為了說明他和柏拉圖所代表的研究哲學的基本方法的不同。柏拉圖手指向天空，表示

---

1 拉斐爾・聖齊奧，義大利畫家、建築師。「文藝復興三傑」之一，畫作風格以秀美著稱。

他強調世界的本源是理念，他所關注的重點是現實世界中各種具體事物的抽象形式。亞里斯多德手指向地面，喻示他所關注的是現實世界中各種具體的事物，強調經驗。

在對世界的理解上，亞里斯多德和柏拉圖的觀點相差很大。柏拉圖認為，有理念世界和現實世界之分，理念是完美的，而現實世界不過是理念所產生的不完美的衍生物。哲學是「理念的科學」，也就是說，我們追求的學問、真理和美德存在於理念之中。

圖 1-1 《雅典學院》

在現實世界，由於萬物都是理念世界的表現，是流動的、變化的，因此難以把握。

但亞里斯多德不這麼認為，他更看重現實世界。他提出，我們只能通過研究現實世界的各種特殊事物來了解現實世界背後的深層原理，而不是說先有那些理念和道理，再由理念和道理產生出現實世界。亞里斯多德對世界的看法，堅定了我通過自己的努力搞清楚世界是怎麼一回事的信念。正是因為有了這個信念，我才會去研究科學，才會絞盡腦汁地去搞清楚其中一些尚為人們所不知的原因；也正是因為有了這個信念，我才會去研究人，去研究管理方法和教育方法，去思考如何更好地理解他人、如何讓他人與自己合作，才能解決管理中遇到的各種問題。

接下來，我們就說說亞里斯多德對人這個認知主體，以及外部世界這個被認知對象的看法。

## 把握了解世界真實性的主軸

亞里斯多德認為，**首先，客觀世界是我們形成主觀看法的基礎。**他所說的客觀世界，包括自然界、我們周圍的人及我們自己。在他看來，世間萬物都是客觀的、真實的存在，並不像古代印度吠陀文明所認為的，世界只是我們內心的鏡像，也不像柏拉圖所說

的，外部世界是由理念世界決定的。**其次，大千世界林林總總的事物背後，具有一些本質的、帶有普遍性的東西，他稱之為真理。最後，人類可以通過求知來了解真理。**當張三和李四都通過求知了解了同一件事情背後的真理，兩人就可以有相同的認知，他們就得以溝通、交流。

我們不妨來看看，如果亞里斯多德出現在「濠梁之辯」的現場，他會如何評判。首先，亞里斯多德會說，魚快不快樂這件事是客觀的，並不存在於我們的想像中。其次，通過研究學問，我們能夠找到一種判斷方法，知道魚是否快樂。[1]最後，他不否認惠子能夠知道莊子知不知道魚快樂。

當然，亞里斯多德不會遇見莊子和惠子，無法得知中國人和希臘人是否有同樣的思辨能力。不過，在哲學史上，亞里斯多德是把哲學從過去單純的主觀思辨中領出來的人。他告訴我們，應該多關注和研究客觀世界，並在這個過程中建立起對世界的準確認識。直到今天，雖然我們依然擺脫不了主觀感受的影響，但是我們通常能夠在客觀世界找到一些並不會因人而異的判斷標準，並借此對人的行為和自然界作出比較準確的判斷。

比如，一座山高還是不高？如果問蘇格拉底，他會說我不知

---

1 亞里斯多德一生花在研究生物上的功夫是最多的，他對生物世界懷有巨大的好奇心。

道。如果問柏拉圖，他會說先存在一個衡量高低的標準，然後可以用它衡量所有山的高度。如果問印度吠陀時代的學者，他們會說一座山之所以高，是因為你感覺它高；哪天你不感覺它高了，它就不高了。這就如同一個只登過北京香山的人，會覺得那座需要一小時才能爬上去的山很高；但是登完泰山後，他又會覺得香山一點都不高。

如果問亞里斯多德，他會說泰山比香山高是個客觀事實，大家都會認可這個事實，於是就有了共同語言。當看過很多山之後，我們會總結出一個客觀的標準來衡量山高，這個標準就是海拔。亞里斯多德並不同意柏拉圖關於「天賦理念」的說法，他認為那些理念只是對客觀世界規律的總結。

不僅對山這種自然界的事物存在客觀的評判標準，對人來講也是一樣的。舉個例子，朋友對你好不好，也不完全是憑自己的感受或者對方的說辭決定的，而是有一些客觀的評判依據。比如，他是否尊重你的利益，是否能幫助你成長、進步，是否能在你需要的時候伸出援手。如果你找不到朋友對你好的依據，那通常是因為朋友不關心。

客觀的評判標準是了解世界真實性的一根主軸，我們的想法和行為都不應該太偏離它。如果我們看到的現象或者對世界的理解偏離了這根主軸，那麼很可能是我們在哪裡出了錯，或者有些

事情我們沒有發現。

比如，我們上學時都不得不參加很多考試。雖然很多人認為考試不能完全衡量一個人的學習水準，覺得根據分數來選拔和淘汰人是有問題的，但是我們不得不承認，只有 60 分水準的人考不出 90 分的成績，而有 90 分水準的人也很難只考出 60 分的成績。因此，只要考試的題目出得比較合理，分數就是一根主軸。

當然，現實中總會有意外發生。比如在某次考試中，某個只有 60 分水準的人考了 90 分，或者某個有 90 分水準的人只考了 60 分。前一種情況，這個人很可能是作弊了，而不是超水準發揮。後一種情況，要麼是說明那個人做題以外的其他素質，特別是心理素質遠沒有達到 90 分的水準；要麼是有特殊情況出現，比如那天他因為塞車而晚了半小時進考場。總之，真遇到這種情況，分析一下原因就會了解到我們原本不知道的狀況。

再比如，什麼叫作富有？雖然不同時代和不同人都有不同的標準，而且這個標準是不斷提高的，但是依然會有一根主軸能給我們作參考。比如，不需要為基本的物質生活發愁，有一定的積蓄可以購買自己喜歡的東西或者做自己喜歡的事情，收入水準或財富水準在一個經濟體內排在前四分之一。如果某個人認為只有億萬富翁才算富有，那麼他就算異類，因為這並不代表大眾的普遍認知。如果某個人有多少錢都覺得不夠，那麼這並不說明富有

缺乏客觀的評判標準，而是這個人該反思一下，約束一下自己的貪欲了。

　　**把握住了解世界真實性主軸的意義在於，當我們的想法和行為偏離自然的軌道時，我們能知曉這件事，知道要反思自己是不是哪裡出了錯。**比如，我們經常在生活中看到這樣的現象：張三有一個損友李四，雖然大家都勸張三離開李四，但他就認定了李四是自己的朋友，對自己很重要，其他人再怎麼勸也沒有用。在這種情況下，張三的感受其實就已經偏離了解世界真實性的主軸了。

## 找到自我與現實落差關鍵 做精神上的自由人

　　在強調世界的客觀性的同時，亞里斯多德並不否認我們自身感受和現實世界真實性之間的差異。這種差異有存在的合理性，要消除這種差異，就要找到它出現的原因。

　　我小學時有這樣一段經歷。有一個同學，就叫他王五吧，和我挺玩得來的。但是，王五怎麼都不能算好學生，特別是他還有撒謊的習慣，曾經讓我幫他在老師面前圓謊。我明知這樣做不對，但還是做了。事後，家長、老師和同學都對我不滿意。你看，我的主觀感受就和大家的看法偏離了。

　　十多年後回憶起這件事，我也覺得自己當時很傻，但我也解

釋不了為什麼當時自己會那麼做。直到後來學習了亞里斯多德的哲學觀點，理解了個體和群體的差異，以及客觀標準和主觀惰性的存在，我才找到了理解這件事的入口。

人的屬性首先是自己最個性化的屬性，這是帶有主觀性的，然後才是群體的屬性。個體的感受和群體的認知常常會有矛盾。這時，每個人潛意識裡都會覺得自己的感受是最重要的。對當時的我來講，王五是我的夥伴，我覺得人應該對朋友仗義，因此要幫他圓謊。同時，作為一個孩子，我潛意識中對朋友是有依賴的，我依賴於他的友誼。而如果我不幫他，他就不會理我了，於是我就有損失。厭惡損失是人的天性，因此我幫他圓謊是在本能地維護自己的利益。

相反，班上的其他同學和老師並不依賴王五，而王五的行為是在損害這個群體的利益，因此他們反對王五的做法。但我首先是我自己，然後才是群體中的一員，當時的我給自己設置的利益目標又和這個群體的利益目標不一致，於是我就做出了不符合群體利益的事情，自然也就招致了其他人的不滿。這種想法，不僅不太懂事時的我有，根據著名心理學家阿德勒的研究，很多人其實都有。

解決這個問題的辦法其實並不難，就是**要讓那個認知和真實世界產生偏差的人，看到接受世界真實性的好處**。我後來遠離了王五，

是因為我最終發現，被整個群體接受所帶來的利益要比跟王五做朋友更大。當然，這個過程是比較長的，大概有快一年的時間，因為我也是在吃過一些苦頭後才慢慢體會到的。如果當時我能懂得亞里斯多德講的那些道理，或許幾個月就能發現自己的問題。

講回到孩子叛逆的問題。很多家長明明白白地看到孩子在走彎路，先是好心勸，然後是威逼利誘，卻往往把事情搞得越來越糟糕。這時又該怎麼辦？很多人說，你要學會和孩子換位思考。其實在這種情況下，簡單的換位思考是不能解決問題的。當家長換到孩子的位置上，他們能清楚地看到那些行為帶來的問題，並不會認同孩子的想法。與此同時，孩子卻不會換到父母的位置上去思考。

家長應該明白，雖然世界上的絕大部分事都有客觀標準，但一個孩子首先是他自己，然後才是一群人中的一個人。要想讓孩子回到這個世界的主軸上，需要讓他體會到這種回歸的好處，以及過分標新立異的痛處。實際上，當一個人的自身感受和現實世界的真實性相一致時，他會感到很舒服；但當兩者不一致時，即便他可以隨心所欲地做事，也會感到不自在，因為全世界都在和他作對。

這就像《麥田捕手》中那個青春期男孩考爾菲德，他在按照自己的意願做事情，但是並沒有獲得快樂。因此，絕大部分叛逆

的青少年在成年後都會回歸理性。當然，如果有人能給他們有效的幫助，幫助他們設置一個自己認可，也和大家的利益一致的利益目標，他們就會更快地度過叛逆期。

回想自己的青蔥歲月，我也有過比較叛逆的時期，有過叛逆的行為。說實話，那時我的父母也並不理解我。所幸我後來讀了亞里斯多德等人的書，在我的孩子進入青春期後，我知道該如何了解她們的心理活動和想法，因此避免了和她們發生衝突。

不僅青少年在認知上會有缺陷，很多成年人又何嘗不是如此呢？每個人對世界和他人的看法都受自己主觀感受的影響，並不符合世界的客觀性。因此，**我們在努力做到對人對事公平客觀的同時，也應該明白很多人是做不到這一點的。**很多人的很多看法是錯的，這種現象並不奇怪。我們不能總是試圖改變他們，讓他們接受我們的想法，這是無濟於事的。世界上大多數人和我們並沒有交集，我們不需要為他們操不必要的心。根據馬可·奧理略的觀點，我們需要忽略掉他們。

但是，對於在我們身邊的人，或者我們不得不常常打交道的人，當我們看到他們對我們或者對世界的看法出了嚴重的偏差，我們能做的也只是把世界的真相告訴他們，而接下來所有的決定都需要他們自己做出。當意識到自己奇怪的看法和出格的行為與這個世界格格不入時，他們或許就會自我調整。客觀世界背後自

有其規律，順應那些規律的人會走得更遠；違背它們的人，則會漸漸落伍。

只要我們能保證自己對世界的認識是合理、公正的，我們就不會落伍。假以時日，我們周圍就都是與自己認知和三觀一致的人了。**這時，我們就成了精神上的自由人，而自由來自對規律的認識。**

柏拉圖認為，規律本身是天賦的，是先於世界而存在的；亞里斯多德則認為，先有我們的世界，然後才有規律，這些規律又是可以認識的。至於如何去認識，這又是一個新的話題了。

**延伸閱讀**

◆ 古希臘：亞里斯多德，《形而上學》。

# 用不同視野
# 審視自己和他人

　　相傳在希臘人請求神諭的德爾斐阿波羅神廟上刻有三句箴言，第一句是「認識你自己」。有人認為這句話是蘇格拉底說的，也有人認為是古希臘七賢之一的泰勒斯說的。根據羅馬時期的希臘哲學史家第歐根尼・拉爾修[1]在《名哲言行錄》中的記載，有人問泰勒斯「何事最難為」，泰勒斯答道：「認識你自己。」

　　很多時候，我們能對他人和世界作出準確判斷，但事情輪到自己頭上就犯糊塗。因此，尼采在《道德的系譜》一書中，才會專門耗費筆墨來討論「認識你自己」的問題。尼采是這麼說的：

　　　我們註定對自己感到陌生，我們不了解自己，我們必定要把自己看錯。有一個句子對於我們是永恆真理：「離每個人最遠的人就是他自己。」

　　　——我們對於自身而言並不是「認識者」……[2]

---

1 第歐根尼・拉爾修與哲學家、犬儒學派代表人物第歐根尼不是同一個人。
2 德國：尼采，《道德的譜系》。梁錫江譯，華東師範大學出版社 2015 年版。

但是，前面提到過，亞里斯多德說我們能夠認識世界，當然也包括認識我們自己。難道亞里斯多德錯了？他並沒有錯，而且給出了一個幫助我們了解自己的工具——四因說。

所謂四因說，是亞里斯多德總結的造成結果的 4 種原因。具體來講，就是質料因、形式因、動力因和目的因。

質料因是構成事物的材質或者基本元素。比如，米開朗基羅的雕塑《大衛》質料是大理石，羅丹的《思想者》質料則是青銅。大理石和青銅就是二者不同的質料因。而同樣是大理石，可以被雕刻成《大衛》，也可以被雕成《斷臂維納斯》。大衛像和維納斯像，就是二者不同的形式因。所謂形式因，就是事物的本質屬性。亞里斯多德認為，形式因決定了一個事物究竟是什麼。比如，一個企業裡有很多工程師，他們的形式因是相同的，都是工程師；不過，他們的質料因可能會有所不同，有的人聰明些，有的人細心些。

動力因是讓一件事情發生的動力。一輛汽車能夠行駛，是因為有引擎，引擎就是它行駛的動力因。一家企業開發了一款產品，這款產品能夠做出來，開發的過程就是它的動力因，沒有這個過程，產品就無法誕生。這個過程包括很多步驟，完成每一個步驟才會導致最後的結果。

目的因是一個事物所追求的目標或者存在的意義。蘋

果（Apple）公司想做一款手機方便大家上網，於是開發了
iPhone，方便大家上網就是開發 iPhone 的目的因。谷歌（Google）
公司希望大家能夠隨時隨地訪問資訊，於是開發了搜尋引擎，方
便大家訪問資訊就是其目的因。

　　四因說其實是從兩個層面解釋了事物之間的聯繫：第一個層
面是從事物內在和外在的性質來看，質料因表示了內在的性質，
形式因則代表了外在最終展現的形式；第二個層面是從目的和手
段來看，動力因代表了手段，目的因代表了目的。

## 如何用四因說分析事情

　　一個人想做成一件事，通常上述 4 個原因都需要具備。

　　以辦一家公司為例，公司要由不同的專業人士組成，這是質
料因；人員配備不好，公司的材質就有問題。公司是合夥人企業、
股份制公司，還是家族企業？公司是地方性企業，還是面向全世
界發展的外向型企業？這些是形式因。形式定了，這家公司將來
的前途也就被限定了。比如，一家公司最初只是幾個人合夥在地
方上做小生意，有利潤就平分了，那它將來就不大可能通過融資
發展成股份制企業，也難以把產品賣到全世界。

　　當然，在辦公司之前，要考慮目的是什麼。有人辦公司是要

為使用者提供某種服務，或者生產某種產品，然後產生利潤。有人則是為了把公司做大，達到一個很高的估值，然後在高價位把公司賣掉。這就是兩者目的因的不同。前一種公司，你出多高的價錢收購，創始人都不肯賣；而後一種，創始人賣公司比賣產品還起勁。不同的目的因，會為公司的發展帶來不同的結果。

如果公司真的辦起來了，就需要一步步去實現設定的目標。有的公司通過產品研發來驅動，有的通過銷售來驅動，這就是不同的動力因。不同的動力因，自然也會帶來不同的結果。

每一家成功的企業，都是從小到大一步步發展起來的。為什麼有些公司發展了起來，而同時期做同樣事情的其他公司卻關門了呢？這就要從「四因」上找原因。

**首先，來看看質料因。**舉個例子，張三、李四、王五幾個人是好朋友，他們都是學設計的，想一起辦一家設計公司。於是，三個人分了一下工：張三當 CEO 兼財務和行政，李四做銷售，王五負責設計。但是，辦一家設計公司需要各種能力，三人中除了王五還是在幹本行的工作，張三做財務和行政，李四做銷售，都是「二把刀」[1]。這家公司還沒有辦，質料因就有缺陷。

---

1 二把刀，廚師的副手，指對某項工作一知半解、技術不高的人。

　　再舉個例子，著名的發明家愛迪生和特斯拉[1]都創過公司，但他們一個成功一個失敗，主要原因就在於其質料因不同。愛迪生雖然以發明家的身分聞名於世，並且可以算是歷史上發明數量最多的發明家之一，但是他的經營頭腦和管理才能在商業史上也是罕見的。因此，他成功地將技術變成了產品，並最終為世界留下了通用電氣公司。

　　特斯拉是一位有理想、有情懷的發明家，他有很多了不起的發明創造，其中交流輸電方式的發明被使用至今。但是，他本人並不善於經營，比較固執己見，在與他人溝通方面也存在缺陷。最終，他在商業上的嘗試失敗了。很多人試圖從一件件具體的事情和一個個具體的決定來分析兩人的成敗，其實完全沒有找到問題的關鍵所在。愛迪生和特斯拉的質料因不同，這導致他們所創辦企業的質料因也不同。而不同的質料適合不同的事物，用對了有可能成功，用錯了則一定失敗。

　　如果一個創業者缺乏某種質料特性，但是能找到合適的人彌補，那麼整個公司在一開始就會具有合格的質料因。比如，發明蒸汽機的瓦特在辦公司時就很幸運。雖然他不善溝通，遇到失敗容易消沉，但是他的合夥人、公司的另一位創始人波爾頓，恰好

---

1 指尼古拉・特斯拉，機械工程師、實驗物理學家，因設計現代交流電供電系統而知名。

和他形成了高度互補。波爾頓之前就是一位成功的企業家，他有遠見、有耐心，在關鍵時刻能夠鼓勵瓦特。在他們遇到失敗時，波爾頓總是說，我們再試驗一次吧，或許就成功了。在波爾頓的鼓勵下，瓦特發揮了他聰明、靈感多、專業基礎知識扎實的特長，解決了所有技術難題。

此外，他們的創始團隊裡還有第三個人——瓦特的助手威廉·默多克。默多克是真正把瓦特設計的蒸汽機造出來的人。在製造蒸汽機的過程中，他還改良了瓦特的一些設計，使得生產蒸汽機成為可能。最終，三個人一同開啟了工業革命。可以說，瓦特的團隊一開始就有了成功的質料因。

**其次，來看形式因。**21 世紀初，中國有一家家電企業在某個細分市場堪稱全球老大，但這家企業的所有權和管理權結構非常奇怪。一方面，總經理在經營上具有絕對的、不受監督的權力；另一方面，他幾乎沒有企業的股份，而有股份的人不僅在經營上沒有發言權，還幾乎沒有知情權。因此，即便他給自己開再高的工資和獎金，和企業每年的利潤相比也是微不足道的。

他看到很多由創始人控股的私營企業，雖然經營得不如他所在的企業，但老闆賺得遠比他多得多，自然會覺得不平衡。等到了快退休的年齡，他想到自己退休之後沒法再拿到這麼多錢，也沒有給孩子留下什麼資產，而那些私營企業的創始人卻可以把資

產留給孩子，心裡就更加不舒服了。於是，他開始利用自己幾乎不受監管的權力，把企業的資產挪到海外。當然，他這種行為很快就被發現了，他受到了法律的懲罰，但這家企業也就此垮掉了。

這家企業在創立之初有著很好的質料因，但它在股權和管理權的設置上出了問題。也就是說，它的形式因是有問題的。這樣一種企業發展起來後，問題一定會暴露。今天依然有很多企業，一開始形式因就有問題，導致以後麻煩不斷。比如，曾經的王老吉和加多寶之爭、杭州微念公司和李子柒的商標所有權之爭，都是因為商業機構一開始就在形式因上有問題。

**再次，來說說動力因。**很多創始人想法很好，但是缺乏實現自己想法的能力，那種企業就沒有動力因。世界上從來不缺好點子，缺的是執行力，而執行力就是一家企業的動力因。2010 年前後，中國出現了 5,000 多家團購網站，獲得融資的就上千家，最後卻只剩下了美團一家。我和投資界的一些朋友談過這件事，他們普遍都認為團購本身不能算是個好生意，裡面也沒有太多技術可言，大家做不起來不奇怪。

美團只是一個特例，它能成功主要是因為創始人王興執行力太強，即美團的動力因太強。相比之下，一家曾經的大型網路公司就顯示出了在動力因方面的缺陷。比如，今天的很多新技術、新業務都是那家企業最先嘗試的，但結果都是為他人作嫁衣裳。

因此，如果企業缺乏動力因，即便它有好的質料因和形式因也走不遠。

**最後，來說說目的因。**做一件事、辦一家企業總要有目的，目的不同，結果也不同。比如，同樣是為了占據行動網路時代的制高點，蘋果公司和 Google 的目的就完全不同。蘋果公司是為了製造出最好用的手機，讓大家都來買；Google 則是為了獲得行動網路時代的網路流量。

於是，蘋果公司造出了實實在在的 iPhone，靠著賣手機賺錢；同時，為了讓更多的人來購買，它就要讓手機變得越來越好用。Google 則把精力放在開發通用的手機作業系統安卓（Android）上，希望更多的生產商用這款作業系統來開發手機，這樣就會有更多的人來用，繼而產生更多的流量。至於賣手機硬體的錢，Google 本就沒打算賺，它偶爾做做手機，只是為了驗證安卓的作業系統，獲得第一手資料。目的因不同，導致了它們工作重點和結果的不同。

很多人會質疑哲學這種抽象的學問有什麼用。哲學其實是一個工具，可以幫我們想清楚甚至解決很多問題。人一輩子所學的內容，多半屬於工具，數、理、化是工具，文、史、法、哲也是工具。解決生活中稍微複雜一點的數學問題，比如算算房貸的利息，就要用數學這個工具。在家裡修點東西，比如自行車和電器，甚至在牆

上安一個電視機支架，就需要用到物理學這個工具。寫封郵件，請人幫忙，就要用到語文這個工具。同樣，分析和理解一些現象，尋找做事情的好方法，就要用到哲學這個工具。有了工具，難事就會變得容易解決；沒有工具，容易的事情也會變得很難。**四因說就是一個用來分析事物原因、對人作出判斷的好工具。**

## 如何用四因說分析和判斷人

前面講了如何用四因說分析事情，下面來說說如何用它來分析和判斷人。對人的分析包括對他人的分析和對自己的分析，在準確分析的基礎上，才能作出準確的判斷。

還是先從質料因和形式因說起。中國有句俗話，不大好聽，但是常常很有道理，就是「某某人不是那塊料兒」，這講的就是質料因的決定性作用。我在《見識》一書中說過，在各行各業，想做到前 20%，靠利益驅動是能辦到的；想做到前 5%，就需要靠對它的喜愛了。那麼，要做到前 1% 呢？實事求是地講，這需要有天賦。雖然我們常說勤能補拙，但那是指讓人做到前 20%，最多是到前 5% 的水準，最後那一點點要靠天賦。我知道這樣說對有些人來講可能是個打擊，但你不妨放眼看看，你所知道的做到世界數一數二的人，奧運會獎牌得主也好，諾貝爾獎獲得者也罷，哪一

個沒有超出常人的天賦？回到本節開篇講的那句話──「認識你自己」，真正地認識自己、承認自己的不足，是有勇氣的表現。

今天大部分家長都希望自己的孩子成龍成鳳，讓孩子從小學數學、學音樂、學藝術。實事求是地講，如果學這些是為了給一種優質的生活打基礎，那是合適的；但如果是因為覺得孩子能夠通過這些特長在高考加分，那絕大部分孩子是做不到的，因為其質料因決定了他們達不到那種水準。

如果你想成為數學家，那得智商達到全社會的前 1%，否則再努力也不行。當然，如果你想從事 IT 行業的工作，只要智商在中上水準就夠了。根據自己的情況，確定自己的道路，這應該是我們對質料因的理解。

一個人剛出生的時候，並沒有確定將來要成為什麼人，要從事什麼工作。但是，一旦選定了一個職業方向，他的形式因就確定了。工程師、醫生、律師等，都是人不同的發展形式。一個工程師，日後想當醫生幾乎是不可能的。今天很多人熱衷於跨界，但這對大部分人來說其實是很難的事情，因為每個人不同的形式因決定了他們是不同的人，做好自己比什麼都重要。當然，人在確定自己將來要成為什麼人時，要考慮自己的天賦和特長。這就是質料因和形式因的結合。

不僅對自己的判斷如此，對他人的判斷也是如此。某項工作

能否交給張三去做，要看他的質料因和形式因。如果張三是一個馬馬虎虎的人，也就是說在質料因上有缺陷，那把事情交給他做，可能最後的品質無法保障。如果張三是一個醫生，又沒有太多的投資經驗，他的形式因決定了他是醫生，而不是投資人。如果他慫恿你去買股票，你恐怕不太能相信他的判斷力。這就是質料因和形式因對人的限制。相反，我們說生病了要聽醫囑，出現了法律和財務方面的問題要聽專業人士的建議，其實就是相信質料因和形式因的決定作用。

除此之外，看人還要考慮他的動力因和目的因。同樣是想當醫生，有人是為了救死扶傷，有人是為了賺錢，有人則是因為家人曾因某個不治之症去世，導致他想攻克該醫學難題。類似地，同樣是想當工程師，有人是為了賺錢，有人則是為了發明改變世界的東西。這就是目的因不同。為了當上醫生，有人從中學開始就認真學習相關知識，後來又進入醫學院學習，這就是有動力因。有人則只有夢想，沒有行動，或者準備投機取巧，靠父母走後門進醫院，這就是缺乏動力因，或者有錯誤的動力因。

有不同的目的因，會得到不同的結果。當一個人面臨選擇時，他會不自覺地將自己的目的放在第一位。比如，我見過不少學醫的人，他們當初學醫只是為了多賺錢，因此一旦有藥廠給他們開出比醫院更高的薪資，他們就會離開醫院去藥廠。當然，有

沒有動力因，以及有什麼樣的動力因，也會導致不同的結果。很多人年輕時的夢想到了 50 歲還是夢想，就是因為缺乏動力因。有些人一心投機取巧獲得某個職位或者某種社會地位，最後竹籃打水一場空，就是因為有錯誤的動力因。

因此，我們看人的時候，不妨問自己這樣 4 個問題：

1. 以他的才智和品行，他是否能將這件事做好，或者我們能否信任他？
2. 以他的身分和實際情況，他是否適合做這件事？
3. 他做這件事的目的是什麼，是否和我們的目的一致？
4. 他做這件事的方法是什麼，是否會為了目的不擇手段？

想清楚這 4 個問題，我們看人就大差不差了。同樣的道理，對自己來講，能夠認清自己的四因，作出正確的選擇也非常重要。

今天，很多人覺得自己有技術、有資金，還有政府的政策支援，所以應該去辦公司。但在辦公司之前還要想好，什麼才是自己應該做的正確的事情。比如，很多大學教授其實不適合辦公司，更適合從事科學研究；如果想多賺錢，那他們可能更適合給企業做顧問，拿企業的股份。

很多年前，我還在中國做語音辨識時，結識了這個領域的前輩——中國科學技術大學的王仁華教授。王教授當時是參與國家

高技術研究發展計畫（簡稱「863 計畫」）的專家，我的一些科研經費還是他批的。後來，王教授打算把語音辨識的技術成果產業化，但他是一名學者，真要讓他辦公司，有些勉為其難。最終王教授考慮再三，支持他的學生劉慶峰辦了科大訊飛公司，自己則一直在大學做研究，同時給科大訊飛做技術顧問。

後來科大訊飛辦成了，王教授也獲得了很多資源。王教授的做法就很高明，或者說他把形式因搞得很清楚——就他個人而言，他是要建造一個更好的實驗室，而不是一家公司。

再說動力因和目的因。很多人在做事情的時候會把這兩者搞反。比如，很多人會講，生活的目的是獲得幸福和快樂，賺錢可以讓自己達成這個目的。這種看法是正確的。在這裡面，賺錢是動力因，獲得幸福和快樂是目的因。如果把兩者的關係搞錯了，把賺錢當成目的，用錯誤的手段去賺錢，結果搞得自己天天提心吊膽，也就過不上美好的生活了。有的人為了讓自己的住房大幾坪，不得不去打兩份工，把自己搞得很辛苦，這其實是得不償失的。

那麼，我是如何用四因說來審視自己的呢？

**首先，對自己是什麼樣的料要有所了解，知道自己什麼事情做不到。** 過去很多師長建議我去當數學家，我自知這件事很難做成。要從事數學研究，智力達到全社會的前 1% 只是基本要求，但這還遠遠不夠，最好是能達到前萬分之一。我雖然不笨，但是真不

敢說自己合格。不過，IT 行業對智力的要求就沒那麼高了，像我這樣的材質還是能勝任的。

任何人都有自己的特長，在一方面有所欠缺，就可能在另一方面有潛力，只是很多人還沒有找到，也沒有將它發揮出來。從中學開始，我就在慢慢了解自己，不斷發掘自己的特長。比如，我逐漸發現自己是一個深度的思考者（hard thinker），對全域的把握也不錯。因此，我在解決工程難題上會有一些優勢。根據這些優勢來決定自己成為什麼樣的人，就會阻力很小地達成目標。

**其次，要不斷詢問自己做事的目的是什麼。**比如，我要寫一本書，就需要問問自己這本書是給誰看的。有些書是給所有人看的，就要寫得通俗易懂；少數的書，比如講電腦科學的專業讀物《計算之魂》，我沒打算給所有人看，而是想把這個專業領域的一些道理講清楚，那我就會對每一個問題都做出深刻的分析。我還寫過給孩子讀的繪本，寫作的目的又有所不同。目的不同，我採用的寫作方法也不同。也就是說，目的因決定了動力因。

**最後，每過一段時間，就要審視一下自己的目的因、動力因和形式因是否過時了，特別是當遇到發展瓶頸，生活和工作都沒有變化時。**比如，我最初做研究，既是因為對解決實際問題感興趣，也是為了生計。但是到後來，生計不再是問題了，我就把做研究的目的調整成了解決人們尚未解決的難題，以獲得成就感。再後來，我覺

得不再需要成就感了，就又把目的調成了培養新人。

在達成目的的過程中，我們有時會遇到困境，很長時間走不出來。這時，可能需要新的動力，比如去學習新的解決問題的手段和工具。舉個例子，人們在早期從事人工智慧研究時就遇到了瓶頸，而他們走出困境不是靠利用原有的工具更加努力地工作，而是靠換工具、換引擎，當人們開始大量使用資料來解決人工智慧問題時，這個領域的很多難題就被解決了。這就是改變動力因的結果。當然，目的和動力變了，你會發現自己的形式因也變了。

如今距亞里斯多德生活的年代已經過去兩千多年了。雖然世界完全改變了，但他的哲學依然是一種很方便的工具，可以幫我們思考問題、了解自我和他人。接下來，我們看看在幫助我們認識世界，特別是獲得知識方面，他還提供了什麼工具和建議。

**延伸閱讀**

◆ 古希臘：亞里斯多德，《形而上學》、《物理學》。

# 不斷和世界碰撞
# 有效獲得新知

　　一般認為，四因說的提出，標誌著亞里斯多德在認識論方面和柏拉圖開始分道揚鑣了。柏拉圖認為存在一種絕對的理念，它超脫於自然現象，不隨時間、空間變化，是我們真實世界一切的因；亞里斯多德則認為世間萬物有不同的因。兩人對世界的看法不同，導致他們所建議的認識世界、獲得新知的方法也不同。具體來講，柏拉圖認為要靠理性思考和討論。

　　比如，要知道三角形的內角和是多少，需要靠邏輯進行推理。亞里斯多德則提出了一整套科學哲學思想，教會了人們如何認識世界，如何發現新知，如何構建知識體系。在隨後的兩千多年裡，科學哲學指導無數學者做出了創造性的工作，讓人們越來越了解我們生活的這個世界。

　　科學哲學是哲學的一個分支，關注的是這樣一些內容：

　　‧科學理論的結構和科學的本質；

　　‧如何通過觀察現象發現科學的結論；

・如何檢驗那些科學的結論並且形成科學的理論；

・科學的結論有多麼可靠；

・該如何完善和改進科學的結論；

……

簡而言之，科學哲學是科學研究的基礎和方法，是我們了解世界的方法論。

今天，科學哲學不僅適用於自然科學的研究，也適用於人文學科和社會學科的研究。如果你要攻讀博士學位，無論讀的是理工科還是人文社會學科，都需要對科學哲學有所了解，因為只有這樣才能按照正確的方法做事情，或者說才能有一個好的動力因。在今天的學術界，大家也都是在科學哲學的方法論框架下做研究，只是在這個框架下研究的課題不同而已。如果不掌握這套方法，一個人哪怕有重大的科學發現，他可能也難以融入學術圈，因為那些發現難以被證實，也難以得到發展。

即使不作研究，了解科學哲學的基本方法，對解決實際問題，特別是還沒有答案的問題也是有好處的，可以讓我們少走很多彎路。比如，今天所說的顛覆式創新，其理論基礎來自著名科學哲學家湯瑪斯・孔恩的里程碑著作《科學革命的結構》。在這本書裡，孔恩提出了「典範轉移」的概念。

## 亞里斯多德與科學哲學方法論

「科學哲學」這個詞其實到 20 世紀才出現，在亞里斯多德的年代並沒有這個說法。只是今天的科學哲學家在對它的歷史追根溯源時發現，不僅對這個領域的思考始於亞里斯多德，而且大部分基礎性的方法也是亞里斯多德已經考慮過、談過的。再往後，很多學者，比如阿奎那、笛卡爾、杜威、波普爾等人，都在亞里斯多德的基礎上發展了科學哲學，建立了一套行之有效的現代科學研究的方法和標準。

正是因為有了科學哲學的指導，近代以來新的發明、發現才會層出不窮。特別需要指出的是，在自然科學領域，今天大家普遍採用的是杜威、波普爾和查理斯‧桑德斯‧皮爾士等人提出的實證主義方法。這是到目前為止最行之有效的科學研究方法，而其雛形也要回歸到亞里斯多德。

可以毫不誇張地說，在科學哲學這個領域，如果說到今天人類一共走了 90 步，那麼前面 70 步都是亞里斯多德走完的。相比於亞里斯多德的方法論，今天的科學哲學進步之處在於，它建立在更嚴密的數學基礎之上，而亞里斯多德的方法論更多地源於經驗。雙方在最基本的原則上並沒有什麼分歧。

那麼，亞里斯多德是如何提出這些方法論的呢？其實，這都

建立在他對生物學的研究之上。

在亞里斯多德生活的年代，哲學和科學還沒有今天這麼清晰的分野，當時的哲學家對自然世界的研究被稱為自然哲學。亞里斯多德的特殊之處在於，他尤其關心對生物本身的研究。很多人不知道，亞里斯多德有超過一半的著作都是生物學主題的，比如《論睡眠》、《論呼吸》、《論聽覺》、《動物志》等。在離開雅典學院後，他有大約 16 年的時間都在研究生物學。正是在對生物學的研究中，他構建起了自己的方法論框架。而在這個理論框架中，他回答了科學哲學兩個最基本的問題：**我們何以能夠認知世界？我們如何有效地獲得新知？**

在亞里斯多德之前，沒有哲學家能夠很好地回答這兩個問題。以我們今天的眼光來看，之前的哲學家採取的態度都是迴避問題。

在各種人類早期文明中，人們普遍會借助神話世界，或者某種現實世界之外的構想，來解釋真實世界中的事情，最典型的就是把現實世界的各種事情都歸因於神。比如，認為日升月落是因為有太陽神和月神，颶風下雨是因為有風神和雨神。再比如，印度的吠陀文明認為現實世界都是幻象，神才代表宇宙的本體。

到了蘇格拉底生活的時代，哲學家們顯然不再滿足於這種無法證實的解釋，但依然在迴避問題。比如，蘇格拉底說，「我唯

一知道的就是我一無所知」。再比如，柏拉圖雖然已經摒棄了採用神來解釋一切未知問題的想法，卻又創造出了一個新的、虛構的「神」──理念世界。

他認為，我們生活的世界只是現象世界，在現象世界之上還有絕對的理念世界，理念世界才是真實的存在，且永恆不變，而我們看到的現實世界不過是理念世界的影子。柏拉圖的理論在邏輯上是自洽的，卻無法被證實。因此，他的理論在本質上和借助神明解釋世界的做法是類似的。

在東方，吠陀文明時期的印度學者跟柏拉圖有著類似的想法。他們認為，我們看到的世界只是幻象。佛教所說的「色即是空」[1]，以及禪宗六祖慧能大師那段著名的偈語──「菩提本無樹，明鏡亦非台。本來無一物，何處惹塵埃」，就反映了這種宇宙觀。所謂「菩提本無樹」、「色即是空」，其實和柏拉圖的思想很相似。後來，柏拉圖的思想也被吸納到了歐洲的宗教之中。

今天，已經有越來越多的人不信神了，但不信神不意味著不迷信，有些人只是改變了迷信的對象。比如，很多人迷信專家，或者指望某位智者能夠給出所有問題的答案，這其實還是相信存在一個能夠給自己啟示的神話世界。

---

1 這裡的「色」不是指色情，而是指色彩斑斕的現實世界；「空」則是指虛幻。

　　但是，與這些人不一樣，哲學在亞里斯多德手上變得「實在」了起來。通過長期的自然科學研究，他發現了一件事——我們可以相信自己的感官經驗，現實世界不是虛幻的，它在經驗上是有形的（empirically tangible）。「在經驗上是有形的」，這個觀念非常重要。tangible（有形）這個詞更準確的含義是「可觸碰到的」。如果現實世界是可以用經驗觸碰到的，我們就能通過經驗認識這個世界。

　　可以看出，亞里斯多德的想法和柏拉圖的截然相反。前面說過，在《雅典學院》那幅畫中，柏拉圖手指向上天，亞里斯多德則掌心向下，這就體現出了兩人的思想差異。亞里斯多德有一句名言，「吾愛吾師，吾更愛真理」（Amicus Plato, sed magis amica veritas[1]）。很多人把這句話解釋為亞里斯多德為了追求真理而不惜和老師觀點相反。其實，這句話從拉丁文直譯過來的意思是，柏拉圖對我來講是敬愛的，而真理對我來講更親切。這句話並沒有二選一的意思，但確實說出了追求真理對亞里斯多德的重要性。

---

1 原文為拉丁文。

## 科學知識、技能知識和實踐知識

亞里斯多德在他的著作中反復告訴人們一個道理：無論做什麼事情，要想獲得切實的進展，或者獲得創造力，就需要不斷用經驗去觸碰這個世界，而不是到那個虛幻的平行世界尋找答案。

根據獲得途徑的不同，亞里斯多德把知識分成了 3 類：科學知識、技能知識和實踐知識。

科學知識包括我們說的數學、自然科學等，要靠經驗加邏輯獲得。

技能知識包括文學創作、音樂、藝術、繪畫、工藝（工程）等，就是那些通常說的可以通過一萬小時的練習而獲得的知識。想要獲得這些知識，就要不斷地用經驗去觸碰它們。

實踐知識包括今天所說的社會學科和人文學科的知識，比如管理學和政治學等，這些知識需要通過社會實踐來獲得。舉個例子，今天很多大學生都想著一畢業就從事管理工作，甚至一畢業就當老闆，這其實是非常不切實際的想法。如果你是一個老闆，你會讓一個 22 歲、剛畢業的學生去管理平均年齡 3、40 歲以上、有好幾年甚至幾十年專業經驗的團隊嗎？管理學屬於亞里斯多德講的實踐知識，需要通過很長時間的摸爬滾打才能獲得，不是讀幾年書就可以學到的。

這 3 類知識的關係可以參考圖 1-2。

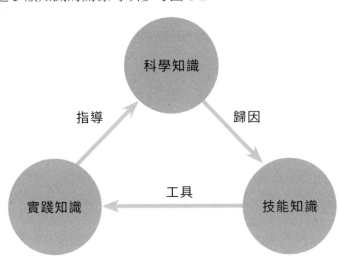

圖 1-2 科學知識、技能知識和實踐知識的關係

簡單來說，科學知識解決求真的問題，它為我們提供原因，讓我們知道一件事為什麼是這樣的，以及如果要做好一件事，為什麼應該這樣做而不是那樣做。

比如，某座橋為什麼建造得不牢固？該怎麼改進？我們可以通過對科學知識的探求了解背後的原因，通過理性的分析不斷調整施工方法。

技能知識則是為我們提供工具。比如，在做管理和社會治理時，都可能會用到一些工程成果，如統計工具、新的技術工具等。

人們最容易忽略的，是實踐知識和科學知識之間的關係。更準確地說，是人文對科學的指導作用。有人覺得科學研究和人文沒有關係，這當然是一種誤解。科學與人文的關係，就像高飛的風箏與放風箏的人。科學這個風箏會希望人文這個放風箏的人不斷把線放得更長，不斷為科學鬆綁，這樣它就可以飛得更高；但如果徹底把線剪斷，風箏一時之間也許會飛得更高，但由於失去了控制，它終究會掉下來，甚至會傷害到地面上的人。

需要強調的是，無論哪一種知識，在亞里斯多德看來都是可經驗的，或者說是可觸碰的。也就是說，任何知識體系，無論是文科還是理科，都可以用一套系統的方法不斷擴展——**人們可以通過感知獲得經驗和新知，再通過感知和經驗來驗證新知。**

在歷史上，主要是在中世紀期間，亞里斯多德的作品經歷過兩次大的遺失。不過，伊斯蘭國家的學者繼承了他的思想，把實踐論和理性推理結合起來，創造出了伊斯蘭文明的黃金時代，同時也發展了他的科學哲學思想。

伊斯蘭學者認為，人們可以通過觀察推翻一個科學命題，也可以提出一個新的命題，而這個新命題的提出又會引出新的抽象概念。他們還提出，人類智力的發展也遵循這個規律。智力本身是物質的，是一種實實在在的可以獲取知識的潛能；同時，它又是一種活動，越使用，智力水準就會越高。

中世紀之後，亞里斯多德的思想通過歐洲與伊斯蘭文明的交流再次傳回歐洲，又被歐洲的思想家進一步發揚，形成了近代的經驗主義哲學。故亞里斯多德也被看成經驗主義哲學的始祖。

最後，談談亞里斯多德的科學哲學思想給我的啟示。

首先，世界上的知識是相通的。這個相通不是說物理學知識可以直接解決金融學的問題，而是說知識背後的邏輯是相通的。比如，有些傑出的學者能夠在多個學科卓有建樹，好像是一通百通；據說華爾街最好的交易員有些是學理論物理出身的，這些人其實就是掌握了通用的方法論。因此，無論學什麼，我們都要認認真真學透徹，掌握其中的科學哲學道理。

其次，一定要好好體會「可觸碰的經驗」這幾個字。我們必須相信這個世界是可觸碰的，然後不斷地去觸碰它，這樣才能獲得有關這個世界的知識。沒有人能靠學一百門管理學課程管好公司，也沒有人能通過讀一百本愛情小說收穫愛情。所有的知識，都是我們不斷觸碰這個世界的結果。

**延伸閱讀**

♦ 古希臘：亞里斯多德，《形而上學》。

# 我們有靈魂嗎？

法國作家羅曼‧羅蘭在其代表作《約翰‧克利斯朵夫》中引用了古老教堂門前聖者克利斯朵夫像下的一句話：「當你見到克利斯朵夫的面容之日，是你將死而不死於惡死之日」，那本書也因此而得名。

一個人無論有多麼偉大、富有，最後都要過生死這一關。關於自然界的知識，只要努力學習和思考，我們還是能夠把自己智力範圍內的問題想明白的；但是涉及自我的問題，哪怕再簡單，很多人也一輩子都想不明白。只有真的到了瀕臨死亡的那一刻，他們才會頓悟，釐清那些困擾了他們一生的問題。因此，「人之將死，其言也善」的說法是有道理的。而在那些「善言」中，蘇格拉底臨死前的一番言論或許是最有名的。這些言論被記錄在柏拉圖的《斐多篇》中，可以啟發我們更深層次地思考人的價值和人生的意義。這應該是我們求知的最後境界。

## 靈魂會思考 積極面對死亡

　　蘇格拉底和孔子一樣，並沒有在生前把自己的思想記錄下來，我們只能通過他學生們的記錄來了解他的思想。其中，記錄和整理蘇格拉底對話最多的人就是柏拉圖。蘇格拉底臨終前，他的學生斐多一直守護在他身邊，記錄了他和學生們最後一次對話的內容。柏拉圖把這些內容整理出來後，就將它命名為《斐多篇》[1]。在《斐多篇》中，蘇格拉底主要談到了他關於靈魂的觀點，告訴活著的人該怎樣善待自己的靈魂。

　　不過，在講述具體觀點之前，先要介紹一下相關的文化背景，即古希臘人對這個問題的普遍看法。

　　一方面，古希臘人不相信投胎轉世，他們認為人死了就是死了，就會進入冥界。因此，古希臘人的生活態度是看重現世，而不看重根本不存在的來世。比如，《奧德賽》中講，奧德修斯拜訪冥府時，大英雄阿基里斯告訴他，自己寧可在地面上做一個農奴，也不願意當冥府之王。再比如，還有一些哲學家，如德謨克利特，根本就不相信有什麼靈魂。所以，在古希臘人普遍的觀念裡，人是不願意去死的。

---

1 也被翻譯成《裴洞篇》。

　　另一方面，古希臘人強調人有肉體的一面和靈魂的一面，而他們更看重靈魂的一面。從各種古籍的記載中可以看到，古希臘人對物質生活的需求不高，即便是上層人士，也過著很簡樸的生活。對他們來說，有一片麵包吃，有杯葡萄酒喝，有一個地方睡覺，就足夠了。但是，他們會用大量的閒暇時間來討論問題，追求精神上的滿足。比如蘇格拉底，每天吃完早飯，他就去廣場上和別人辯論了。

　　理解了這兩點，就比較容易理解蘇格拉底在被多數人以民主之名宣判死刑後的心境了。

　　蘇格拉底並不怕死。他認為人有肉體和靈魂兩部分，靈魂的部分可以思考，而肉體的部分其實經常會干擾靈魂思考。比如，肉體會有七情六欲，會饑餓，會勞累，這些都會妨礙靈魂思考。因此，如果人死了，靈魂不再受到肉體的約束，可以自由放飛，豈不是一種解脫？在這一點上，他和很多古希臘人不同。

　　看到這個觀點，你可能會聯想到莊子對死亡的態度。莊子也不畏懼死亡，他認為人死後會回歸大自然，因此他和蘇格拉底在這個問題上有相似的看法。但是，兩人的想法又有很大的不同，莊子強調融入自然，蘇格拉底強調靈魂不朽。至於蘇格拉底為什麼認為人的靈魂可以不朽，他在《斐多篇》中用了 4 種方式來論證。這些論證雖然不違背邏輯，但由於一些前提並不符合我們今

天在科學上的認知，因此結論看來並不太具有說服力，這裡也就不介紹其中的細節了。

在我看來，這些內容也不是我們關注的重點。蘇格拉底關於靈魂不朽的思想對我們的啟發在於，他教會了我們如何看待人的生活與死亡。或者說，他教了我們一種積極面對死亡的態度。

## 靈魂對求知的重要性

作為一個相信理性且一生求知的哲學家，蘇格拉底非常強調靈魂對於求知的重要性。他認為，要想獲得純粹的知識，就必須擺脫肉體的束縛，用靈魂來透視事物本身；如果有肉體的干擾，靈魂就不能獲得純粹的知識，實際上也就不能獲得真正的知識。這一點後來被各個時代的大科學家證實了。中世紀、伊斯蘭文明黃金時代、文藝復興和科學啟蒙時代的大科學家們，從比魯尼[1]、羅傑‧培根[2]、哥白尼、伽利略到笛卡爾、牛頓等人，都屬於這種純粹的科學家。一個人要從事科學研究，需要純粹的頭腦，需要有宗教般的虔誠。即便不作科學研究，但凡要追求知識，太多的

---

1 伊斯蘭文明黃金時代的科學家，被譽為百科全書式的學者。
2 13 世紀英國方濟各會的修道士、哲學家和科學家，提倡經驗主義，主張通過實驗獲得知識。

物質欲望干擾也會讓我們難以走遠。

幾年前，俞敏洪問過我一個問題。他說，以你的能力和影響力，辦一家公司，或者做一支大基金，可以賺很多錢，你為什麼不去做？其實，人一旦對物質上癮，那種欲望是無止境的。但是我發現，當一個人擁有的錢到了一定的數量，再多出一倍，甚至是多出十倍，對生活品質的提升也沒有什麼幫助了。而太在意物質上的得失，會讓人無法集中精力想問題，也會讓人喪失思維的敏銳性。相反，看輕物質欲望，會讓人得到更多心靈上的滿足，這種滿足持續的時間更長久。套用蘇格拉底的說法，就是可以讓靈魂擺脫肉體欲望的干擾，獲得更純粹的知識。

我回想自己的經歷，我在科學上最有成就的兩段時間，都是對世俗生活幾乎不過問的時候。第一段時間是我為了求知完全想不到物質和身體的欲望的時候。那時我先在清華讀研究生，然後在清華當老師，再後來到約翰·霍普金斯大學讀博士，前後十年。我的大部分論文都是在那個時期發表的。

第二段時間是我在物質方面的欲望都得到了滿足之後，便不再做物質回報很高的產品，轉而做物質回報很低的研究，大約經歷了 5 年的時間。那段時間，我獲得了 19 項美國專利和十多項其他國家的專利。再往後，我雖然不作研究了，但一直潛心研究學問，我大部分的書都是在這種相對安靜的環境中寫出來的。如果

給自己平添很多物質欲望，也許我就無法享受精神上的快樂了。

## 人為什麼要相信靈魂不滅

在強調靈魂對求知的重要性，以及肉體欲望對求知的阻礙之後，蘇格拉底講了人為什麼要相信靈魂不滅。簡而言之，如果一個人清楚地知道靈魂是不朽的，他在活著的時候就不會做壞事。

有些人覺得活著的時候大可盡情享樂，即使做些壞事也沒關係，因為無論是好人還是壞人，死了都一樣。而蘇格拉底告誡他的學生們說，我們已經論證了，靈魂是不滅的，如果人在活著的時候做了壞事，死後靈魂也會受到相應的懲罰。這一點對後來基督教哲學的影響非常大。

不僅歐洲的哲學和宗教思想如此，東方的伊斯蘭教、印度教和佛教也有類似的思想。它們都在強調，做一件壞事的影響可能不僅在當下，也在未來。這提醒人們注意，不要因為當下沒有受到懲罰，或者法律懲戒不了，就能夠為所欲為。事實上，在古代，司法制度並不健全，做壞事的收益、成本之比遠比今天高得多，但絕大部分人依然能夠安分守己。之所以會這樣，不得不說人們對做壞事後果的恐懼是一個重要的原因。

今天，世界上還有將近一半人有各種各樣的宗教信仰，相信

靈魂是不朽的，而在客觀上，這種信仰會要求他們去惡從善。而對沒有宗教信仰的人來說，雖然他們未必相信靈魂不朽，但也會有類似的約束，比如對正義的追求、道德和傳統的約束。

我們有時會看到一些社會事件，比如一個名人被曝光了某個醜聞。他的行為並沒有觸犯法律，但他依然會身敗名裂，因為他的行為違背了社會的公序良俗，不符合道德或者傳統的要求。人們的行為被法律和可能帶來的惡劣後果所約束著，也被各種信仰和觀念所約束著。靈魂不朽的觀念和信仰也有這樣的約束作用。

拿美國來說，從世界範圍內來看，美國的法律體系算是極為健全的了，但法律能否制裁所有作惡的人呢？不能。在美國，即便是謀殺這樣的重罪，破案率也只有 60% 左右；即使破了案、犯罪嫌疑人確實被定罪了，能夠重罰的也只有其中的一半左右。但是，大部分人不會因為破案率低就去犯罪，因為約束他們的除了法律，還有自己的信仰和道德觀念。

在生命的最後時刻，蘇格拉底告訴世人：

> 我們應當牢牢記住，如果靈魂是不死的，我們就必須關懷它，不但關懷它的這一段稱為今生的時間，而且關懷它的全部時間；如果我們忽視它，現在看來是有很大危險的。[1]

---

1 古希臘：柏拉圖，《裴洞篇》。王太慶譯，商務印書館 2013 年版。

　　他啟發我們，在活著的時候就要關懷自己的靈魂，遠離罪惡，盡可能地追求善良和明智。不要讓肉體的行為玷污了靈魂，要保持靈魂的純潔。這些話不僅是他用來告誡弟子的，也是講給後人聽的。

　　那麼，如何保持靈魂的純潔呢？蘇格拉底講，人必須通過學習和追求智慧，讓靈魂達到一種「不可見的、神聖的、不朽的、智慧的境界，到了那裡就無比幸福，擺脫謬誤和愚昧以及恐懼，免除兇猛的愛戀，不受種種人間的邪惡擺佈」。如果說，柏拉圖認為學習的目的是驗證真理，亞里斯多德認為學習的目的是發現真理，那這段話就對應了蘇格拉底關於學習目的的解讀。不難看出，他們三人的思想有相通之處，但是所關注的側重點又有很大的不同。

　　相比於今天大部分人為了謀生或者獲得更高的地位而學習，蘇格拉底等人的思想拔高了學習的目的——為了擺脫愚昧和邪惡，淨化我們的靈魂。當然，在沒有填飽肚子的時候，我們未必有閒暇想這些問題，可以按照自己現實的需求和興趣去學習。但是，當我們有了穩定的工作和基本的生活保障，特別是在衣食無憂之後，就需要在兩條路中做選擇了。一條路是繼續追求物質，滿足自己無限的物質欲望；另一條路則是把時間花在學習上，追求蘇格拉底所說的那種境界。

　　和弟子說完這番話後，蘇格拉底就從容、寧靜地迎接了死亡。今天，即便我們不接受「人死後靈魂會去往某個永恆樂園」的說法，蘇格拉底所說的關愛我們靈魂的觀點也依然是很有道理的。當一個人致力於追求高潔的精神境界和更多的智慧，在外，他會獲得良好的信譽和聲名；在內，他不會被愚昧和恐懼困擾。

　　在西方，蘇格拉底之死和耶穌之死一樣，也具有象徵意義。耶穌之死代表愛與救贖，蘇格拉底之死則代表希臘的哲學從此由關注世界和宇宙的構成、尋找宇宙的規律，轉而進入對倫理、道德和正義的探究。這一點從柏拉圖的著作中可以很明顯地看出。

　　蘇格拉底之死還讓後人明白：民主如果不受到制約，就無異於多數人的暴政。這種觀點不僅體現在柏拉圖的《理想國》中，也體現在亞里斯多德的政治學中。雖然柏拉圖和亞里斯多德師徒二人在哲學上的觀點差異很大甚至相互抵觸，但他們在政治學上的觀點卻很相似。

　　柏拉圖在其著作中一直在批評雅典那種不受制約的簡單民主。他說，如果沒有好的制度和制約，可能會形成多數人對少數人的暴政。在這種情況下，面對多數人的權威，少數人唯有屈服。雅典城邦正是以多數人的名義，判處了蘇格拉底死刑。因此，生活在雅典城邦民主中的柏拉圖，心中最理想的國家其實是由菁英來統治的。亞里斯多德則認為民主制度並不能解決寡頭政

治的問題，兩者可能一樣壞。他認為，權力應該掌握在廣大的具有基本素養（德行和財富）的公民手中，應該以保障人民過上幸福美滿的生活為目的。這其實也是一種菁英民主政治，只不過是參與人數擴大了的菁英民主政治。我梳理了一下從柏拉圖到尼采所有知名哲學家關於政治的觀點，他們沒有一個人贊同民粹式的民主政治。理解了蘇格拉底之死，就會明白這其中的原因。

蘇格拉底之死還影響到了柏拉圖的學生亞里斯多德。我們知道，亞里斯多德是蘇格拉底的隔代傳人，也是控制了整個希臘化地區的亞歷山大大帝的老師。在亞歷山大統一希臘之後，雅典作為獨立城邦的地位自然就消失了。不過，亞歷山大很早就去世了，隨後雅典人開始奮起反抗馬其頓人的統治。作為一名馬其頓人，尤其是亞歷山大的老師，亞里斯多德也被指控犯有「不敬神」之罪。這和當時雅典人指控蘇格拉底是一樣的。

不過，亞里斯多德並沒有像蘇格拉底那樣等死，而是把他的學園交給了狄奧弗拉斯圖，然後逃亡到哈爾克里斯避難。亞里斯多德說，「我不想讓雅典人再犯下第二次毀滅哲學的罪孽」，暗喻之前的蘇格拉底之死。不過一年之後，也就是西元前 322 年，亞里斯多德就因多年積勞成疾而去世了。

從亞里斯多德和蘇格拉底不同的做法，我們不難看出他們對世界不同的看法。蘇格拉底更看重靈魂，因此他坦然就死。亞里

斯多德雖然有些唯心主義的思想，但他更多是一位唯物主義哲學家，強調現實世界的重要性，因此他選擇了生。

在蘇格拉底去世兩千年之後，另一位改變西方哲學進程的大學問家笛卡爾在走到人生盡頭時，也以蘇格拉底的方式說了這樣的話：「我的靈魂啊，你被囚禁了那麼久，到了擺脫肉體重負、離開這囚籠的時候了。你一定要鼓起勇氣，快樂地接受這靈肉分離之痛。」[1]或許正是蘇格拉底對死亡的態度，讓笛卡爾在生命的最後如此坦然。

**延伸閱讀**

◆ 古希臘：柏拉圖，《斐多篇》。
◆ 英國：西蒙‧克里切利，《哲學家死亡錄》。

---

1 郁喆雋，《50堂經典哲學思維課》。中信出版集團 2021 年版。

# 自我的邊界
# 在哪裡？

　　印度的哲學、宗教和思想文化總是給人們一種非常神秘的感覺，因此，西方人通常稱這些思想是東方神秘主義。或許正是因為印度的思想文化被蒙上了一層神秘的面紗，很多人對它並不了解。再加上印度的經濟不算發達，有些人甚至是用俯視的眼光看待印度文化。

　　不過，當真正接觸到印度的哲學和思想文化之後，你就會發現，它們的確有很多有道理的地方，這也就不難解釋為什麼印度在很長一段歷史上都是 GDP（國內生產毛額）最高的經濟體[1]，也就能夠理解為什麼印度人收入不高幸福感卻不低了。在慢慢了解印度的哲學思想和文化後，我也頗受啟發——原來還可以這樣看待世界，思考問題！

---

1 根據英國著名學者麥迪森的研究，從西元元年到西元 1000 年，印度都是全球最大的經濟體；直到中國明朝中期，印度才被中國趕超。

　　中國人對印度文化了解最多的恐怕是瑜伽，因此我們就從一位瑜伽大師的 TED 演講[1] 談起。那是我這幾年聽過的最好的講演，主講人叫薩古魯。

　　薩古魯曾經擔任聯合國千禧年和平峰會的和平大使，是一位積極參與公共活動的和平主義者和環保主義者。跟一些只是喊口號的環保主義者不同，薩古魯是身體力行地參與環保活動。他創立了伊莎基金會（Isha Foundation），這個基金會主要做兩件事，一是公益事業，包括慈善和環保事業；二是推廣瑜伽，並且進行瑜伽培訓。事實上，薩古魯的第一重身分是瑜伽大師。他從 13 歲就開始練習瑜伽，修行很高，在美國有上百萬粉絲，包括很多政治家和商界領袖。

　　今天有很多人練瑜伽，但他們通常只是把瑜伽當作身體拉伸和健身的方式，過去我也是這樣的。但實際上，這只是對瑜伽淺層次的理解。真正的瑜伽包括三個層次：第一，通過體位、動作調節身體狀態，這一點每個人都能做到。第二，通過呼吸練習調整氣息，做到這一層有些難度，但也有很多人能做到。第三，通過冥想調整心靈，達到所謂「梵我合一」的境界。做到這一層的

---

1 TED 是 technology, entertainment, design（技術、娛樂、設計）的縮寫，其宗旨是「用思想的力量來改變世界」。

人就很少了，即便在印度也是如此。因為要想達到這個層次，需要了解瑜伽的哲學和文化背景。下面不妨看看薩古魯是如何介紹瑜伽和印度的哲學思想的。

## 自我究竟是什麼

在這個演講中，薩古魯對核心問題的探討是從一個終極的哲學問題談起的。這個問題就是「什麼是我」，相信你一定也思考過。不過，薩古魯的說法和我之前了解的中國哲學思想、西方哲學思想都大不相同，體現了很典型的印度式思維和觀念。他的演講以一個笑話開始：在英國有兩頭牛，其中一頭問另一頭，對最近出現的瘋牛病有什麼看法。第二頭牛說，這跟我有什麼關係？第一頭牛很納悶，就說，怎麼和你沒關係呢，萬一傳染給我們怎麼辦？第二頭牛說，我是一架直升機，怎麼會得瘋牛病？

薩古魯講，其實很多人和這頭牛一樣，並沒有搞清楚自己是誰。當然，這可能是一個人一生都要面對的問題。薩古魯說，他其實也是很晚才理解清楚了這個問題。接下來，薩古魯就分享了他對「自我」的理解。

薩古魯從小就對世界很好奇，會盯著一朵花、一隻螞蟻一看就是幾個小時。同時，他又覺得自己對世界似乎一無所知。再看

別人，他們似乎什麼都懂，而且有信仰，遇事有主張。於是薩古魯就想，自己是不是應該信個宗教？他跑到神廟門口，看著人們進進出出，聽到很多人出來時都在抱怨這個，抱怨那個。但是，當他到飯館門口時，他看到出來的人都興高采烈的，根本沒有人抱怨，似乎印度薄餅比神更能讓人高興。

薩古魯出生於印度的邁索爾，那裡有一座查蒙迪山（Chamundi Hill）[1]，山頂有一座神廟。當地人遇到喜悅或者悲傷的事，都會去查蒙迪山朝拜。當一個人很閒，有大把時間，他會去查蒙迪山轉轉；當一個人很忙，生活壓力很大，需要找到一種改變現狀的辦法，他也會去查蒙迪山尋求答案。從這些看似矛盾的做法中，你能否體會到印度文化的一些特點？

在我們看來完全矛盾的事，在他們看來卻並不存在什麼矛盾對立關係。年輕時，薩古魯思考「什麼是我」卻得不到答案，於是跑到查蒙迪山冥想。在冥想的過程中，他產生了一種特殊的體驗，這種體驗有點像我們說的靈魂出竅，他感覺到周圍的環境似乎和自己成了一個整體。這次體驗啟發了他對自我的認知。

他這樣描述自己當時的感受：他感到自己引以為傲的理智和知識在融入環境之後就被稀釋得無影無蹤了，用我們的話講，就

---

1 該山以女神查蒙迪的名字命名。

是頭腦被清空了。然後，他就感覺時間過得很快。當思緒再次回到現實時，他開始思考，那些被我們不假思索地認為是「自我」的東西，是不是真的屬於「自我」？比如，肉體是不是「自我」？從生物學和物理學的角度講，肉體不過是人吃了外界的食物之後進行物質轉化，把自然界的原子和分子堆積在自己身體裡導致的結果。

如果這樣理解，肉體的邊界就未必是「自我」的邊界。餐桌上的一盤菜，不管是在我們肚子裡，還是在我們身體之外，都是同樣的原子和分子，難道能以其位置決定它們是否屬於我們嗎？看來，「自我」這個概念還需要用一些更有意義的方式來定義。

從那時起，薩古魯逐漸形成了一個想法──**「自我」的邊界其實是我們每個人自己所認可的認知邊界**。或者說，「自我」的概念會隨著我們心裡把什麼認可為自我而發生改變。

薩古魯的講法可能有點抽象，我舉個例子就容易理解了。當你在感情上認可配偶是你的一部分時，你就把他（她）劃入「我」這個邊界中了，你和他（她）在花錢時可能會不分彼此。當你在生活中和配偶嚴格區分我的錢、你的錢時，你就並沒有將他（她）當作自己的一部分，對方只是你社會關係中的一種而已，雖然這種關係比較近，但畢竟不是你自己。

薩古魯把這種擴展自我認知、把外界納入自我認知邊界之內

的想法稱為包容，或者說相容。當然，這只是薩古魯的一種觀念。這種觀念和商業社會把每一個個體分得特別清楚的思路是相反的，但它可以給我們帶來很多啟發。畢竟，沒有哪一個方法能解決所有的問題。

## 自我與包容

薩古魯認為，包容是解決世界上各種難題的一種有效方式。比如，當我們認為自然環境是自己的一部分時，我們就會珍愛環境。在《矽谷來信》專欄的「答讀者問」部分，有讀者提出過這樣一個問題：為什麼社區裡養狗的那些人會放任寵物狗隨地大小便，破壞社區的環境呢？套用薩古魯的理論，這個問題就很容易解釋了──那些人覺得環境和自己沒有關係，自然也就不會愛惜環境。

很多人自私，可能就是因為把自我的邊界設定得太狹隘了，感知不到周圍很多美好事物，比如陽光、空氣、水和鮮花，其實都是自己的一部分。

不僅人與環境的關係是如此，人與人之間的關係也是如此。薩古魯講，很多人之所以會爭奪利益，就是因為他們認為其他人和自己是不相容的，也和自己沒有關係。如果一個人能做到包容，把其他人包容進「自我」這個概念，他就不需要刻意去表現得「無

私」；相反，他會很自然地去愛他人，因為這跟愛自己是一樣的。

今天，人與人之間具有邊界感是文明的體現，但如果因此而失去了包容，可能就得不償失了。有些時候，人們缺乏對他人的認可，即使感知到了對方，也不會將其納入「自我」的範疇。

比如，一位丈夫或者妻子認可配偶是自己的一部分，無論對方做什麼，自己都能包容；但是，他（她）並不認可配偶的父母，可能會為了一些小的利益而跟他們產生不必要的矛盾。這說明，這個人將自己和配偶納入了「自我」的邊界，卻將對方的家庭排除了出去。

薩古魯這種想法在印度文化中極具代表性。今天，印度人依然是一大家子人生活在一起，而這種現象在美國其他所有族裔中幾乎都看不到。印度人非常講究人與自然的融合，反對在成為所謂的文明人之後就與自然隔絕開。

你可能聽說過，印度文豪泰戈爾覺得英國人在印度創辦的那種不與大自然接觸的大學不好，於是乾脆自己在家鄉創建了一所學校，這就是維斯瓦・巴拉蒂大學（Visva-Bharati University）的前身。

那麼，薩古魯這種想法和現代文明所強調的尊重每個個體的權利、人與人之間要有邊界感是不是矛盾的呢？如果去問印度人，他們會說完全不矛盾。事實上，印度人是把在外人看來矛盾

的各種想法和做法集於一身而安然自得。

他們一方面崇尚英美的教育和文明，有錢人會把孩子送到英美等國學習；卻又固守印度的傳統文化。他們一方面對全世界各個族裔的人都比較包容，聖雄甘地還講過「我是伊斯蘭，是印度教徒，是基督徒，也是猶太人」這樣的話；另一方面又在社會生活中維繫著一種貴賤尊卑制度。他們一方面大多是自然主義者和和平主義者，不忍殺生；另一方面又造就了全世界最嚴重的環境污染。能夠將看似矛盾的做法集於一身，就是一種包容。

我並不是完全接受印度人的想法和做法，我所接受的是，在當今每個人都過於自私的社會環境中，我們要有將他人和周圍環境包容進自身的胸懷。薩古魯講的「自我」和「包容」的概念，就是格局。格局有多大，自我就有多大。無論是對自己還是他人來說，擁有一個大的自我比擁有一個小的自我更有利。

此外，還要特別強調一點：薩古魯講的包容，是指把自己的邊界往外畫，是讓他人去做自己想做的事情，而不是把自己的意願加到他人身上，多管他人的閒事。比如，今天中國很多家長愛替兒女操心，容不得兒女有不同想法，這恰恰是不包容的表現。

當然，要達到薩古魯所說的這種境界並不容易。因為很多人會認為，自己之所以成長為現在的樣子，都是環境塑造出來的。或者說，不是我不想包容，而是生活把我逼得不得不自私自利。

這種看法過分強調了環境的作用，卻忽略了自我意願的能動性。

如果練過瑜伽，你就能體會到，以前覺得自己根本做不了的高難度動作，練習時間長了也就能做了。薩古魯講，**每個人內在的能力其實都很強大，能夠解決各種問題，這是我們本來就有的稟賦。**每一位瑜伽大師也都會說，各種高難度動作你都能做到，只要你能發揮出自己的潛能。為了說明這一點，薩古魯舉了一個例子。他有一次扭到腳，感覺很疼，然後坐下來練瑜伽，讓自己的意念遠離疼痛的想法，漸漸地就感覺疼痛消失了。

當然，這個過程很長，一般人也做不到。薩古魯把這種現象看成調動人的潛能，現代醫學專家則會將其解釋為神經調節，認為這與用針灸止痛的原理類似。2015 年，在美國疼痛醫學會年會上，來自美國國家衛生研究院（NIH）的研究人員報告，練瑜伽確實可以有效阻止甚至逆轉疼痛。與西方人更多強調環境對人的影響不同，印度文化更強調每個人內在的影響。

薩古魯講，人的成長其實是一種內在的體驗，我們最終會成長為什麼樣的人，這顆種子在我們自己的內心。每個人都希望能過上好的生活，而要達成這個目標，與其向外尋求答案，不如向內（心）尋求答案。當一個人能夠做到這一點時，他對很多外界條件也就不需要那麼在意了。畢竟，出身、學歷、偶然的機會，都不能決定什麼，他真正能把握的是自己內在的能力和潛力，看

重的也是內心的滿足。這也就解釋了為什麼很多印度人在物質上非常貧困，在精神上卻非常自足，高高興興地去做每一天的事情。

接觸到印度的一些思想文化後，我有幾個啟發。首先，不要把很多事情對立起來。在全世界很多文化中，特別是波斯、西亞和歐洲的文化中，都有善惡兩元論，他們喜歡非黑即白的思維方式。但是在東方的文化中，看似矛盾的事情其實並非完全對立的。換句話說，東方人認為包容比對立更利於解決問題。

其次，在自己力所能及的範圍內，我們要盡可能把「自我」的邊界畫得大一點。人不需要也不可能像佛祖那樣講究無邊的大愛，把外界一切人和事都包容進「自我」的概念中，但我們可以讓周圍的人成為「自我」的一部分，關愛他們，讓自己擁有慈悲心，包容更多人的想法和做法。

最後，很多時候，向內尋找答案比向外尋找答案更重要，也更有效。2021 年，在耶魯大學開學典禮的演講中，耶魯大學校長沙洛維講，當世界是一片火海，每個學生應該做的不是去改變世界，而是去完善自身、改變自己。這其實和印度人講的向內尋找答案有相似之處。

**延伸閱讀**

♦ 印度：薩古魯，《薩古魯談業力：一個瑜伽士關於改變命運的教導》。

# 從內心尋找答案

　　上一節講到了薩古魯和今天很多印度人的思維方式、想法和做法，其實這些都深受印度悠久的歷史傳統，特別是印度哲學和宗教的影響。講到印度的哲學和宗教，你可能馬上會想到對中華文明圈產生了巨大影響的佛教，以及今天印度主要的宗教印度教。那麼，這兩種宗教的思想又來自何處呢？答案來自更古老的吠陀文明時期的文化，即吠陀文化。

　　大約在西元前 1500 年，吠陀文明出現在印度北部地方。它並不是南亞次大陸最早誕生的文明，因為早在西元前 3000 多年，印度北部和今天的巴基斯坦地區就誕生了哈拉帕文明，也就是今天所說的印度河流域文明[1]。雖然印度河流域文明出現的時間更

---

1 印度河流域文明最初在今天巴基斯坦境內的哈拉帕地區被發現，根據發現地命名的原則，該文明被學術界稱為「哈拉帕文明」。印度獨立後，為了和巴基斯坦爭奪哈拉帕文明的所屬權，在印度境內的印度河流域展開了大面積考古挖掘工作，發現了大量同時期文明的遺跡。因此，今天人們更多地採用「印度河流域文明」的說法。

早，但它對今天印度文化的影響其實非常小，在印度河流域文明遺跡中發現的文字至今也沒有被破譯。真正對今天印度的文化和宗教影響至深的，是後來雅利安人在印度地區建立的吠陀文明。

大約從西元前 1500 年到西元前 1100 年，來自中亞草原的遊牧部落（即雅利安人）不斷南下進入南亞次大陸，占據了今天巴基斯坦和印度西北部被稱為「五河」或者「七河」的地區。今天印度北部的旁遮普邦，名字本義就是「五河之地」；「七河」則是古代印度對印度河三角洲區域的稱呼。過去有一種看法，認為是雅利安人的入侵中斷了印度原有的印度河流域文明。不過，現在這種說法已經被否定了。因為考古發現，早在雅利安人到達印度之前的幾個世紀，印度河流域文明就已經衰落了。雅利安人從中亞遷移到印度後，自己的文化和當地文化相融合，形成了一種新的文化，這就是吠陀文化。

在梵語中，「吠陀」是「知識」的意思。吠陀文化的特點是以宗教中的祭司和知識階層為統治核心，以祈禱和祭祀為生活的中心，以《吠陀經》為行為指南。《吠陀經》被分成四部，分別是《黎俱吠陀》、《娑摩吠陀》、《夜柔吠陀》和《阿闥婆吠陀》，主題都和祭祀有關。其中，《梨俱吠陀》最古老，其他三部實際上是從《梨俱吠陀》中演繹而來的。《吠陀經》反映了古代印度人的宇宙觀、宗教信仰和人生態度。古代印度人相信，宇宙中的

一切都有一個本源的主體，也就是世界的本體，這個本體在不同經卷中被描繪為不同的神。

從吠陀時代開始，印度人以虔誠敬神的方式追求宇宙真理。在他們眼中，宇宙的結構最核心的是空（śūnyatā）和幻（Maya）。他們認為，宇宙本是空無的，我們看到的一切都只是幻象。這就能解釋古代印度人為什麼不熱衷於記錄歷史。他們會花大力氣歌頌神和神話中的英雄，因為神是直接指向宇宙本體的。

如果對比古印度的空幻宇宙觀和古希臘的實體宇宙觀，就能看出兩者之間有非常大的區別。不過，古希臘柏拉圖的二元宇宙觀和古印度的空幻宇宙觀又有很多相似之處。柏拉圖認為世界的本體是理念，對應於古代印度人講的神；柏拉圖認為，現實世界是理念世界的表象，對應於印度人講的現實世界是一種幻象。

《吠陀經》除了反映出古代印度人的哲學思想，也記錄了古代印度人的歷史和世俗生活，因此我們可以從中了解吠陀時期的印度人對生活的態度。對於現世生活，古代印度人講究隨遇而安，因為他們相信世間萬物背後都有神靈，都是神靈事先安排好的。雖然《梨俱吠陀》所描繪的宇宙三界（天界、地界和空界）中只有 33 個主要的神[1]，但後來古代印度宗教中發展出了大大小

---

1 宇宙三界中，天界為日月星辰之神的居所，地界為山川草木之神的居所，空界為風雨雷電之神的居所。

小、不計其數的神。哪怕是生活中一件很小的事情，背後都有一個神存在。

《吠陀經》所宣導的生活態度，是通過學習和思考（包括冥想）來理解世界。對於世界運行的規律，古代印度人表現出了很強的好奇心。不過，他們完全是靠主觀的理性思考來建立知識體系的，這和重視經驗研究的實證主義知識體系有很大區別。你可能發現了，這和柏拉圖的想法很接近，和亞里斯多德的認知理論卻背道而馳。了解了這一點，就不難理解為什麼古代印度數學很發達，卻沒有發展出自然科學了。

發展數學需要邏輯思維，不需要考慮外部世界；發展自然科學則需要對外部世界進行仔細的觀察，然後重複做實驗，僅僅靠關起門來苦思冥想是不行的。特別值得一提的是，除了古代印度文明，其他所有早期文明都沒有發展出「零」這個概念，因為其他文明發展數學都是為了解決「有」的問題，是有東西要計算，而不是為了解決虛空的問題。古代印度人能發明出「零」這個概念，和他們認為虛空能夠產生出現實密切相關。

吠陀文化的這種世界觀，讓印度人習慣於向內心尋求答案，這是印度文化一個非常明顯的特點。這種文化也影響了後來的佛教和印度教。在吠陀文明末期，歷史悠久的婆羅門教因為過度世俗化而在民眾之間逐漸失去感召力。於是，一些新的教派興起，

並在民眾間逐漸傳播開來。這些宗教所宣導的思想文化被稱為沙門思潮，這個時期則被稱為沙門時期。在沙門時期的新宗教中，最有影響力的是耆那教和佛教。

佛教是由印度北部迦毗羅衛國的王子悉達多・喬達摩創立的。悉達多也被稱為釋迦牟尼或者佛陀。其中，「釋迦」是部落名稱，悉達多的父親淨飯王是該部落被推舉出來的執政官[1]，「牟尼」是仁、隱的意思。合在一起，「釋迦牟尼」就是釋迦部落的隱者或者聖人的意思。「佛陀」則是覺醒者、得道者的意思。**覺悟是佛教認為的人的最高境界，只要覺悟，即可成佛。這也是一種向內尋找答案的做法。**

《吠陀經》和一神教的經典，比如猶太教和基督教的《聖經》、伊斯蘭教的《可蘭經》有很大不同。一神教的經典是排他的，後人只能解釋，不能隨意添加內容；《吠陀經》則是包容的，而且內容在不斷擴展。

最初，古代印度學者把自己對知識的理解寫下來，形成了四部吠陀經，然後不斷有人進行補充，形成了這四部經書之外的經典著作，比如講醫學的《阿育吠陀》[2]。這些經典有時也被稱為副

---

1 淨飯王所擔任的職位並不是一個世襲的職位，因此佛陀俗家的身分更像是中國古代的世子。
2 阿育（Āyur）就是「生命」的意思。

吠陀，以示區別。

對於這4部基本的吠陀經和後來補充進去的內容，印度人又根據主題重新歸類整理，形成了3類經典：梵書、森林書和奧義書。需要注意的是，這是3類經典，而不是3本書，就和中國的「經史子集」是指4類書而不是4本書一樣。

梵書講的是宗教儀式，其思想後來成了印度教前身婆羅門教的內核。森林書和奧義書的內容差不多，有包羅萬象的知識，如神祕主義哲學、樸素的自然科學、文學、醫學等。奧義書中有的內容和婆羅門教的教義並不一致，甚至相對立。到16世紀，甚至宣傳伊斯蘭教思想的《安拉奧義書》也掛在了奧義書的名下。如果在一神教中，這種情況是不可想像的；但在印度文化中，這就不是問題。在外人看來對立的事情，他們並不覺得是對立的。

對比古代印度人和古希臘人的情況，你會發現，雖然他們都對知識有強烈的好奇心，也都善於思考，但他們對世界的看法卻大不相同。古希臘人更希望從外部解決問題，最典型的觀點是亞里斯多德強調的形式因比內在屬性更重要。古希臘人喜歡健身，認為強健的體魄是必不可少的，他們還定期舉辦奧運會。

印度人則喜歡凡事向內尋求答案，他們不僅不喜歡健身，還看不起體力勞動。很多人奇怪，印度作為世界人口第二大國，為什麼體育成績那麼差？其實這就是因為印度人並不認為體育運動

有多重要。相比於體育運動，**他們冥想或者做瑜伽，因為這可以讓他們從內部完善自己，逐漸達到梵我合一的境界。**

這不意味著印度人是空想家，他們也強調身體力行，實踐自己的想法。比如，印度聖雄甘地曾經為了抵制英國的工業品而自己紡紗、織布。再比如，上一節講到的薩古魯，他不僅在演講中宣導和平和環保，還在身體力行做具體的事，去踐行這些理念。

早在 2006 年，薩古魯就發起了綠手計畫（Green Hands），致力於恢復印度的植被，並增加泰米爾納德邦 10% 的綠化率。2017 年，印度政府授予他蓮花賜勳章，這是印度的第二級公民榮譽獎，表彰他為社會作出的貢獻。也是在這一年，薩古魯發起了河流拯救行動（Rally for Rivers），目標是在全印度種植 24 億棵樹，讓已經枯竭的大河高韋里河恢復 40% 的流量。這種做法和薩古魯宣導的人生哲學是一致的，就是把世界看成自己的一部分。

很多印度菁英在全球 500 強企業擔任頂尖的職務，這和印度文明重視思想和思考的傳統有關。願意思考的人，會找到屬於自己的對待人和世界的哲學。這是我們可以學習的地方。

**延伸閱讀**

◆ 印度：D.P. 辛加爾，《印度與世界文明》。

# 人 生 的 目 的
# 就 是 追 求 快 樂

　　前面幾節介紹的是古代先賢對世界、對人和對認知的看法，在接下來的幾節裡，我們再來看看先賢們對生活有什麼真知灼見。多年前，我聽過這樣一個笑話：一位基金經理到海島上度假，看到一個漁民在海灘上曬太陽。他很好奇地問，大白天的，你怎麼不去打魚呢？漁民說，我打的魚已經夠吃了。基金經理說，你可以多打些賣了賺錢啊。漁民就問，賺了錢有什麼用呢？基金經理說，你賺了錢，攢起來，攢多了將來就不用打魚，可以退休了。漁民又問，退休以後幹什麼呢？基金經理說，你可以享受陽光，天天在海灘上曬太陽啊。漁民笑道，我現在就在曬太陽啊。

　　這雖然是個笑話，但類似的事情其實每天都在我們身邊發生著。上面的漁民和基金經理代表了兩種不同的人生觀。其中漁民的觀點，有人概括為「及時行樂」。這種觀點可以追溯到古希臘哲學家伊壁鳩魯，他認為人生最終的目的就是享受快樂。今天，常常有人用「伊壁鳩魯學派」或者「伊壁鳩魯主義者」來形容那

些追求感官享樂的人，但實際上，伊壁鳩魯的學說遠沒有這麼簡單。接下來，我們就看看伊壁鳩魯和他的追隨者到底是怎樣看待快樂這件事的。當然，這一切還得從伊壁鳩魯這個人談起。

## 真正的快樂是什麼

伊壁鳩魯出生於西元前 341 年，也就是柏拉圖去世僅僅 6 年後。伊壁鳩魯的父母都是雅典人，但他並不出生在雅典，而是出生在愛琴海東岸的薩摩斯島——雅典在愛琴海西岸。18 歲時，伊壁鳩魯搬到了雅典居住，之後在希臘遊學期間接觸到了哲學家德謨克利特的學說，受到了很深的影響。

西元前 307 年，也就是伊壁鳩魯 34 歲時，他在雅典建立了一個學派。在古希臘，一個學派通常是指一位哲學家或者其他領域的學者在一個固定地點講課，支付得起費用的人可以去聽課，成為他的學生，而這些人就構成了一個學派。伊壁鳩魯學派的活動地點就是伊壁鳩魯的住房和庭院，伊壁鳩魯也因此被人稱為「花園哲學家」。據說，庭院入口處有一塊告示牌，上面寫著：「陌生人，你將在此過著舒適的生活。在這裡享樂乃是至善之事。」這句話代表了伊壁鳩魯學派的主張——**人生的目的就是追求快樂。**

不過，伊壁鳩魯所說的快樂並不是肉體上的快感，而是一種明智、清醒和道德的生活，其中最關鍵的因素是「沒有痛苦」和「感受到幸福」。

伊壁鳩魯把快樂分成兩種，一種是動態的快樂，另一種是靜態的快樂。動態的快樂會不斷變化。比如，渴了喝水，餓了吃飯，累了休息，睏了睡覺，在這些活動中，我們都能獲得快樂。但這種快樂是暫時的，事情一過，該怎麼著還是怎麼著。靜態的快樂更加長久。比如，我們每天能吃飽飯，想到這件事就覺得很快樂。即使現在並沒有在吃飯，這種快樂依然存在。

伊壁鳩魯認為，**人本能地會把動態的、暫時的快樂放在前面，但最終的幸福要靠擁有持久的快樂。**有人把動態的快樂理解成感官的快樂，把靜態的快樂理解成精神的快樂，這種看法也不無道理。

與快樂相對的，自然是痛苦。伊壁鳩魯講，生活的目的就在於最大化快樂、最小化痛苦，或者說讓快樂減去痛苦的相對值最大化。在伊壁鳩魯生活的年代，最大的痛苦莫過於病痛和死亡。而要想遠離病痛和死亡，就要過一種健康的生活，減少精神上的煩憂。

今天有些人一說到快樂，就會想到狂熱、無節制的生活，然後冠之以伊壁鳩魯學派的名義。其實，這是對伊壁鳩魯思想的曲解，甚至可以說與他的主張背道而馳。伊壁鳩魯認為，人只有過

一種理性、清醒、道德的生活，才能遠離痛苦，獲得幸福。他有一句名言：「愉悅的生活不能通過一連串的喝彩和狂歡來取得，也不可能通過男女之歡或者鮮美的魚和其他昂貴食物來獲得，而是需要通過清醒的思維來獲得。」因此，**最大化快樂、最小化痛苦的具體辦法就是，在做一件事之前，不要只想著能得到的快樂，還要理性地想一想是否會帶來痛苦，以及會帶來多少痛苦。**

舉兩個例子。吃一塊乳酪或者喝一杯酒，你會感覺愉悅；但如果暴飲暴食，傷害身體，以至於上吐下瀉，就會帶來痛苦了。享受男女之歡，你會感覺愉悅；但如果違背了公序良俗，就會帶來很大的麻煩，得到的快樂遠不如帶來的痛苦多。在這種情況下，快樂減去痛苦得到的相對值是個負數，也就是根本不能帶來幸福。

進一步講，在哲學和道德層面，伊壁鳩魯把快樂看成善，把痛苦看成惡。人追求快樂，遠離痛苦，就是在趨善避惡。對於這一點，我以前一直不理解，後來生活經驗多了，也就理解了。比如，一個人通過做生意賺到了錢，這是一件快樂的事情。不過這種快樂通常是短暫的，你這個月拿到了一筆獎金，如果下個月沒有了，快樂最多持續一個月。但如果一個人是通過坑蒙拐騙賺的錢，他就會良心不安，感到痛苦，而這種痛苦可能是持久的。只要理解了這一點，人在追求真正的幸福時，自然就會趨善避惡。

　　當然，有人可能會說，如果一個人沒有道德感，做了坑蒙拐騙的事也不會感到痛苦，那他就不會趨善避惡了。其實，這就體現了伊壁鳩魯強調的理性和清醒的重要性。畢竟，除了遭受良心的譴責，坑蒙拐騙還會招致仇恨和法律的制裁。比如有人做生意偷稅，雖然得手的當時會為錢多了一些感到高興，但是總覺得頭上懸著一把刀，即使逃得過今天，也不知道報復和法律的懲治什麼時候會來臨。這種長久的恐懼和擔憂同樣是一種長期的、靜態的痛苦。

　　我過去有幾個朋友，賺的錢多了就開始想辦法逃避美國的個人所得稅，因為按照他們的收入，總體的個人所得稅（聯邦稅和州稅）稅率會超過 50%。於是，他們建了開曼群島的離岸信託，想辦法把財產轉移到那裡。這樣避稅之後，相當於每年收入翻倍。但歐巴馬就任美國總統後，開始清查美國公民在海外的資產，特別是從美國轉移出去的資產。結果是有些人不得不放棄美國籍，從此不再到美國去；還有些人因為很多生意和美國有關，躲也躲不掉，只能把多年來欠的稅都補上，自己也悶悶不樂。這就是為了一時的快樂而招致了痛苦。

　　按照伊壁鳩魯的觀點，快樂就是善，合法賺錢、依法納稅是快樂的事，也是善事；反過來，痛苦即惡，鑽法律的漏洞，非法經營、逃稅漏稅，招致了痛苦，也等同於作了惡。因此，如果為

了一種動態的、暫時的快感，而產生了靜態的、長期的痛苦，就不符合幸福的原則了。我們講幸福，講趨利避害，是讓我們的行為對我們長期有利，以便獲得持久恆定的幸福。

很多人把伊壁鳩魯的主張當作自己自私自利行為的理論基礎，殊不知，伊壁鳩魯恰恰最反對把自己的快樂建立在別人痛苦之上。正如他教導弟子時所說的：「沒有理智、高尚和公正，就不可能過上快樂的生活。」不誠實或不公正的行為，終將讓人產生負罪感，或者讓人因為擔心被發現而一直惶惶不安。

就拿我來說，無論是在美國還是在中國工作時，我都完全沒有考慮過逃稅漏稅的事情。依法納稅雖然可能讓我的淨收入少了一半，但我每天睡得很好，身體也很健康。這就是獲得了靜態的、長久的快樂，遠離了痛苦，更接近真正的幸福。

## 如何獲得真正的快樂

理解了伊壁鳩魯所說的快樂的真正含義，以及快樂和善的關係，對我們有什麼啟示？我們又該如何在生活中獲得真正的快樂呢？伊壁鳩魯有兩個建議，值得我們每個人參考。

第一個建議是，降低對物質欲望的追求。

伊壁鳩魯講，人要生活，有充足的生存必需品就足夠了，而

所謂的生存必需品包括簡單的食物、居所和其他基本生活保障；不要把心思花在追求奢侈上。今天很多追求奢侈生活的人說自己是「伊壁鳩魯主義者」，其實那恰恰背離了伊壁鳩魯的主張。

伊壁鳩魯追求的是「快樂」本身，而不是「達到快樂的手段」。在他看來，肉欲和物質帶來的快感都是外界強加給我們的，而且往往會帶來副作用。因此，在採取行動之前，我們必須考慮這個行動可能會帶來的副作用，只有這樣才算是理性、清醒的。

真正屬於我們、我們可以支配的快樂，是內心和精神的快樂。這些快樂從哪裡來呢？交一個好朋友，欣賞藝術品，保持寧靜的心境等等，都可以給我們帶來這種快樂。

**第二個建議是，不要懼怕死亡。**

對死亡的恐懼所帶來的痛苦，遠比死亡本身給我們造成的傷害大。

前面說到，伊壁鳩魯受到哲學家德謨克利特的影響，他接受了德謨克利特樸素的原子論思想。他們認為，靈魂是由原子構成的，人死之後，靈魂原子會離肉體飛散而去。因此，並沒有什麼死後的生命，人一旦死亡，靈魂和意識就消失了。既然如此，恐懼也就消失了。

我們對死亡的恐懼，其實都是源於對死亡本身的無知。對於這種恐懼，伊壁鳩魯講過一句話：「死亡和我們沒有關係，因

為只要我們存在一天，死亡就不會來臨；而當死亡來臨時，我們也不再存在了。」據說他的墓誌銘是「Non fui. Fui. Non sum. Non curo.」，翻譯成英語就是「I was not; I was; I am not; I do not care.」，即「我曾經不存在；後來我存在；現在我已死；而我不在乎」。這兩句話所展現的人生態度我都很喜歡，也讓我們知道，無需恐懼死亡。

最後，和你分享一份伊壁鳩魯給出的快樂清單：食物、衣物、住所、友誼、自由、思想。你可能發現了，其中並沒有多少物質或者對物質享受的追求。

**延伸閱讀**

◆ 美國：諾爾曼・李萊佳德，《伊壁鳩魯》。

# 遵循心中神明
# 的指引

　　我的小女兒並不喜歡讀哲學書，不過有一次，我無意間給了她一本哲學書，她居然讀了下去，每天晚上睡覺前讀一點，不久便讀完了。此後，她青春期的叛逆行為少了很多，整個人都變得平和了很多。這本書便是馬可・奧理略的《沉思錄》。

　　馬可・奧理略是古羅馬的五賢帝之一。五賢帝時代是羅馬帝國的黃金時代，堪比中國歷史上的盛唐和北宋。當時，羅馬帝國內部政治清明，百姓安居樂業，外部四鄰咸服，羅馬帝國的疆域之廣也達到了頂峰。更值得稱道的是，這 5 位皇帝前後相繼，但彼此之間並沒有父子關係，後面 4 位都是自己前一任皇帝的養子。當時的羅馬皇帝會在生前找好一位德才兼備的繼承人，指定由他繼承皇帝之位。換句話說，在這近一個世紀的時間裡，羅馬皇位傳承的原則不是血緣親疏，而是任人唯賢。

　　奧理略是五賢帝中的最後一位皇帝，他出生於一個貴族家庭，自幼受到良好的教育。很小的時候，他就被當時的皇帝哈德

良注意到了，然後被哈德良的繼承人，也就是五賢帝中的第四位皇帝收為養子。40 歲時，奧理略登基當上了皇帝。

奧理略不僅是一位合格的政治家，一位青史留名的賢明君主，還是古羅馬最重要的哲學家之一，他的哲學思想屬於希臘化時期出現的斯多葛學派。雖然奧理略平時要忙於國事，但在鞍馬勞頓的間隙，他總是在不斷讀書學習，思考哲學和人生問題，並且寫下了兩百多篇讀書和思考的筆記。後來，這些筆記被整理成 12 卷文集，這就是《沉思錄》。

《沉思錄》一書影響了很多人。柯林頓[1]說，這是除《聖經》之外對他影響最大的一本書。賈伯斯[2]說，他在 17 歲時讀了《沉思錄》的一則格言影響了他的一生。

我向很多人推薦過這本書，但凡讀了的，都說很有收穫。和一般深奧的哲學書不同的是，這本書既充滿了人生智慧，又寫得非常淺顯易懂。而且，因為它是奧理略對自己各種人生感悟的片段記錄，所以各卷甚至各段之間並沒有什麼邏輯關聯，你可以隨便翻開一頁讀起來。我有時也會把這本書放在床頭，每晚睡覺前翻兩三分鐘。

---

1 比爾‧克林頓（Bill Clinton），第四十二任美國總統。
2 史蒂夫‧賈伯斯（Steve Jobs），蘋果公司聯合創始人。

　　《沉思錄》在形式上看起來有些零散，畢竟這是一本類似於日記、筆記的讀物。不過，它有三條貫穿始終的思想脈絡，即三個層面，每個層面又能用兩個關鍵字來概括。第一個層面是奧理略對世界和人生的態度，我用「理性」和「本性」來概括。第二個層面是奧理略對生死和永恆的理解，我用「靈魂」和「死亡」來概括。第三個層面是奧理略對精神生活和物質生活的關係的理解，我用「入世」和「出世」來概括。奧理略是這樣論述這三個層面的。

## 層面 1：理性 vs 本性

　　《沉思錄》的第一個層面是奧理略對世界和人生的態度。總的來講，奧理略認為，世界是理性的，世間萬物都是合理、和諧且彼此關聯的。在這樣的世界背後，應該有一個神存在。

> 　　所有的事物都是相互聯接的，這一紐帶是神聖的，幾乎沒有一個事物與任一別的事物沒有聯繫。因為事物都是合作的，它們結合起來形成同一宇宙（秩序）。因為，有一個由所有事物組成的宇宙，有一個遍及所有事物的神。[1]

---

1 古羅馬：馬克・奧理略，《沉思錄》。何懷宏譯，中央編譯出版社 2008 年版。本節其他引自該書的內容，也選自這個版本。

不過，奧理略所說的神並非通常意義上的上帝，而是類似於自然神論者眼裡的神，或者中國古代哲學中的天道，也就是自然界一切事物和現象背後的規律。對於這樣的神，奧理略不僅抱有敬畏之心，而且認為神明就在自己心中，自己做事要遵循心中神明的指引。具體而言，就是要在理性的指導下對待自己、他人、事情以及世界。

那麼，理性又是什麼呢？一方面，我們可以從理性的對立面——感性來理解。感性通常包括激情、欲望、放縱等，理性則與此相反，是要克制欲望、敬畏神靈、追求真理等。另一方面，奧理略和其他斯多葛學派的哲學家也認為，理性是人「本性」的延伸。需要注意，這和通常的理解有所不同。通常，人們會認為天然的激情和欲望才是人的本性，奧理略和其他斯多葛學派的哲學家則強調理性是人本性的一面。

《沉思錄》一書中經常提到「本性」這個詞，比如：

因為，我們是天生要合作的，猶如手足、唇齒和眼瞼。那麼，相互反對就是違反本性了，就是自尋煩惱和自我排斥。

為發生的事情煩惱就是使我們自己脫離本性。來自命運的東西並不脫離本性。

沒有任何人能阻止你按照你自己的理智本性生活。幸福在哪裡？就在於做人的本性所要求的事情。

　　可以看出，奧理略希望過一種本性的生活，而這種本性來自自然，或者說來自奧理略所說的神明，也就是萬事萬物背後的規律。比如，父母會照顧孩子，甚至會捨身保護孩子，這是人的自然本性。遵從本性做事就是理智的、道德的。[1]

　　而且，遵從本性行事，我們在日常生活中就會對神明有所敬畏，對責任有所擔當，對朋友仁愛，對同胞寬容，對欲望克制，對道德有所追求。

　　具體來說，我們應該如何處理人與人之間的關係呢？特別是當與他人發生衝突、產生不愉快的時候，我們要怎麼對待那些人呢？這可能是任何時代的人都要面對的永恆問題。

　　人總不免會感到焦慮和憤怒。其實，焦慮是我們對自己產生的負面情緒，憤怒則是我們對他人產生的負面情緒。奧理略認為，我們之所以常常陷入焦慮和憤怒，是因為我們太在意外在的東西，以至於迷失了本性和自我。他告誡我們，不要對那些會讓自己憤怒的人大驚小怪，畢竟世界上總是存在這樣的人。

　　他們有的忘恩負義，有的奸詐狡猾，有的自以為是；如果和他們爭吵，無論結果如何，最後都會使我們自己感到煩惱、焦躁，甚至產生持續性的焦慮，失去平和的心態。奧理略講，我們要明

---

1 從某種程度上說，這種觀點與老子、莊子所說的順其自然、不違天道的思想非常相似。

白，他們也許沾染了惡習、不辨善惡，但依然是我們的同類，我們可能還不得不與他們合作。向他們發怒，和他們對抗，其實是違背了我們與同類相處的本性。對於這樣的人，其實不必太在意，不妨靜靜地看著他們，不與之對抗，甚至可以對他們抱有一顆仁愛之心。

概括來講，奧理略認為，**對待世人有兩點十分重要：一是保持仁愛之心；二是要明白很多人與我們不一樣，要適應他們的存在，這樣他們就傷害不到我們了。**

奧理略在書中多次講到，你可以試圖規勸一些人為善，但如果勸不動就算了，不要因此影響自己的情緒。回想我自己的經歷，從大學進入職場之後，我遇到過不公正的領導、不友好的同事、不忠誠的朋友，這些人讓我很煩惱，甚至讓我很長時間不能釋懷。

後來讀了《沉思錄》，我就明白該怎麼做了：我是要在與這些人的相互敵視、競爭和猜疑中度過一生，還是要盡可能適應他們，凡事就事論事，爭取達成合作，把阻力降到最低？無論採用哪種方式，人最終都不免一死。用一種對抗的心態生活，就算最後贏了，一輩子也會活得很辛苦；而盡可能化解矛盾，適應不理想環境中的生活，則會活得輕鬆很多。有了這樣的心態，我發現其實跟身邊七八成的人都能和平相處。

對於那些註定要與我們一起生活的人，我們要真誠地愛他們。比如，生活中經常看到身邊的人遇到各種夫妻矛盾、婆媳矛盾等。其實，這些問題根本的解決之道，就在於本著對彼此真誠的愛尋求問題的解決。畢竟，這都是我們生活中避不開的人。不過，如果真覺得無法做到真誠地愛對方了，就不要生活在一起了，這樣也就不會再受到煩擾。

正如奧理略所講，對於那些所謂有缺陷的人，我們可以提出善意的建議和勸解；但如果對方依然我行我素，就不要勉強自己了，我們還是我們，他們就是他們。這樣才是按照本性行事，不至於在糾結之中迷失自我。

不僅在待人方面要保持理性和本性，對待世界也要如此。奧理略指出，面對紛繁複雜的世界，人需要心境平和，專注於自己的事情。當今的世界比奧理略那時的世界更加複雜，因而我們更需要具備這種平和的心態。

比如，今天我們在工作中經常會覺得會議特別多，而且很多會議似乎都沒什麼開的必要；每當想坐下來思考問題時，來自各種應用程式的資訊就會把我們的思緒打斷。其實，近 2000 年前的奧理略也遇到過類似的煩惱——因為身分的緣故，他不得不參加很多無聊的慶典，各種資訊隨時接踵而至。對於這種情況，奧理略的態度就是保持心境的平和，不過分投入情感，無論是正面

的還是負面的，而是把注意力放在自己的事情上。奧理略講，一個人的價值可以用他所專注的事情來衡量。

奧理略還有一個觀點我很贊同——那些以快樂誘惑我們、以痛苦恐嚇我們的事物，以及浮華的名聲，都毫無價值。他在書中多次講到，對於榮譽和錢財，不要看得太重，這些不過是身外之物；對於他人的誹謗和倒楣的事情，也不必太過在意。那些會干擾我們本性的事物，都可以放到一邊。這樣，我們才能把精力放在自己關注的事物上。

那麼，怎樣才能在這浮華的世界做到心靜如水呢？奧理略的觀點是，堅守自己心中的神明。雖然奧理略用了「神明」這個詞，但前面說過，他講的神其實是萬事萬物的法則，對人來說，就是人性中的理性。奧理略說，如果一個人心中有神明，就能擺脫感官的誘惑，不會放縱情慾，能夠克制自己，超越享樂。一個不受欲望控制的心靈，可以戰勝任何困難，敵人也拿他沒有辦法。

## 層面 2：靈魂 vs 死亡

《沉思錄》的第二個層面是奧理略對生死和永恆的理解，其中最重要的是如何理解死亡。

我們每個人都迴避不了生和死的問題。關於「生」的話題，

我們平時談得很多，然而對於「死」這個話題，許多人卻十分忌諱。有人到了晚年，不願意在還能清醒思考時留遺囑，因為覺得不吉利；臨終時，又會一時衝動或者糊塗地處置財產，結果親屬為了遺產紛爭不斷。其實，人們對死亡的恐懼比死亡本身更可怕。很多人因為害怕、忌諱死亡，反而讓自己活也活不好。

奧理略在《沉思錄》中多次談到對死亡的看法，其中有兩個觀點特別值得注意。

首先，世間萬物有生必有死。萬物會在宇宙中消失，記憶會在時間中消失，這是所有可感知事物的性質。死亡就是物體的分解，物質的消散，一切又回歸到大自然。死亡不僅是自然的一種運轉，也是一件有利於自然的事情。既然如此，如果有人害怕自然的運轉，他就只是個稚氣未脫的孩子。如果人在死後會走向另一個生命，就無須擔心；如果會走向一個無知無覺的地方，就也不會再有痛苦，坦然接受就好。

我在《矽谷之謎》這本書中提到過，一個企業的死亡，是它對社會做的最後一次貢獻，因為它把資源釋放出來了，可以讓社會做更多事情。類似地，在生物界，有一種現象叫鯨落。巨大的鯨魚死後沉到海底，它所提供的營養能讓周圍一大群物種受益。人也是如此，死亡是一個人對世界做出的最後一次貢獻，因為這不僅為社會上的後來者騰出了一個位置，還讓那些圍繞在垂危的

自己身邊的家人得到了解脫。

幾年前，我和美國著名作家凱文·凱利[1]聊天，他也講到，如果作為個體的人不死，人類就死了。他說得沒錯。人體內只有一種細胞有可能不死，那就是癌細胞，但癌細胞一旦壯大，整個機體就會死亡。這讓我想起了一件小事。2000年，美國進入一輪股市泡沫時，在紐約找房子非常難，當時最有效的辦法就是看訃告。雖然這種情況有點誇張，但今天很多歷史悠久的大都市裡，真的是走一個人才能給一個新人騰出社會上的位置。

你可以想像一下，如果世界上到處都是在秦始皇登基時就出生了的人，後來出生的人可能就一點機會都沒有了。在那種情況下，後出生的人也許只有通過發動戰爭消滅前面的人才能得到機會。奧理略講，死也是一件有利於自然的事情，是非常有道理的。

其次，一個人就算能活幾千年、幾萬年，也要過自己的生活。在這個意義上，最長和最短的生命沒有什麼區別。一個人看到怎樣的事物，無論是在一百年裡，還是在兩千年裡，抑或是在無限的時間裡看到的，對他個人來說其實都是一回事。壽命的長短對人來講其實意義不大，學識、地位、權勢也幫不了什麼忙。有人可能會覺得奇怪，壽命長不是見識多，貢獻大嗎？大家看看身邊

---

1 凱文·凱利（Kevin Kelly），美國作家、出版人，《連線》（*Wired*）雜誌創始主編。

的情況就知道並非如此，人年紀大了，到後來累積的偏見會超過見識的提升，而在世界上任何一個老齡化的社會裡，養老總是一個負擔，說明人到了一定的年齡，貢獻其實還抵不上他的消耗。類似地，地位和權勢也不會給人帶來更多的智慧，否則世界上就不會有那麼多的昏君了。

即便是被看成偉人的那批人，最終也逃不出命運的安排。奧理略舉了幾個例子。醫聖希波克拉底治癒了許多病人，然而他自己最後也是患病而亡。占星家預告了許多人的死亡，然而他們自己也被命運攫走。亞歷山大、龐貝、凱撒頻繁地把整個城市夷為平地，之後他們也告別了人世。因此，一個人真正擁有的只有現在，最重要的只有珍惜當下。

## 層面 3：入世 vs 出世

悟透了生死的問題，就容易理解《沉思錄》的第三個層面了——對精神生活和物質生活的關係的理解。

從前面的分析不難看出，奧理略更強調精神層面的修行。

但無論如何，我們都要在物質世界生活。那麼，該如何協調這兩者的關係呢？我總結了兩個關鍵字——「出世」和「入世」。要理解這一點，就要說說斯多葛學派的基本思想了。

　　一方面，斯多葛學派的信奉者注重靈魂的生活，把財富、地位等物質的東西，以及痛苦、快樂等情感的東西都看得很淡，甚至將其看成虛幻之物。這種追求超脫於人間的生活態度就是出世。另一方面，他們又講究埋頭苦幹，履行社會義務，為大眾謀幸福，因為他們相信心中的神明。這就與現實生活產生了聯繫，這種投入到現實生活中去的做法，就是入世。可以說，斯多葛學派強調**以出世的態度，做入世的事情**。

　　奧理略也是如此。他不看重名譽，不貪圖享受，卻每天兢兢業業地履行皇帝的職責，看護著羅馬帝國的臣民，以實際行動踐行了「以出世的態度入世」。

　　奧理略在位時，已經是羅馬帝國五賢帝時代的末期了。一方面，外部戰亂不斷，有與東方安息人的戰爭，北方的馬科曼尼人也已經逼近帝國多瑙河流域的疆域；另一方面，帝國內部災害頻繁，洪水、地震、瘟疫不斷。奧理略憑藉堅定的意志和自己的智慧，夜以繼日地工作，維繫著龐大的羅馬帝國，多次成功擊退外族入侵。在奧理略統治期間，他很少有時間待在羅馬享受生活，而是將大部分時光都用了在帝國的邊疆或行省的軍營裡，最後客死他鄉。

　　在生活中，奧理略一直努力踐行按照理性生活的原則，做一個正直、高尚、有道德的人。他把這種理性節制的行為看作遵循

神明的指引，也是對神明的敬畏。奧理略在書中講到，德性是不要求報酬的，也不希望別人知道，人不僅要使行為高貴，還要使動機純正，擯棄一切無用和瑣屑的思想。

在這種思想的指導下，奧理略彷彿是專門為社會而生的，註定要為社會勞動。奧理略講，不僅要思考善和光明磊落的事情，還要付諸行動，行動就是你存在的目的。**不要談論一個高尚的人應當具有什麼品質，而要成為這樣的人**。可以說，奧理略用自己的一生，詮釋了什麼叫以出世的態度入世。

讀奧理略的書，看他做的事，能讓我們看到世界上確實存在身居高位卻不貪圖享樂、道德高尚、以國事為重的人。而讀《沉思錄》時，我時常聯想到東晉名相謝安。

謝安原本隱居山林、淡泊名利，和幾位知己好友以山水詩書自娛，從不踏足政事。但他生逢亂世，又生在陳郡謝氏這樣一個舉足輕重的世家大族，有義務為國家出力，於是出山操勞國事。在朝中，謝安先是挫敗了權臣桓溫意圖篡位的陰謀，後來又在淝水之戰中大獲全勝。此後，位高權重的他怕皇帝猜忌，主動隱退到廣陵避禍，不久後就因病重結束了輝煌的一生。謝安的行為，也是以出世的態度入世。

我一直認為，入世是我們生活的目的，否則生命就失去了意義。但是，想要達成這個目的，有各種做法和態度。我們可以變

得俗氣、勢利，熱衷於爭權奪利，但我們也可以以一種冷靜、達觀的方式投入到生活中：對待一切事情既不爭，也不躲，對待他人仁愛、寬容，對待自己理性、節制，始終保持平和的心態，多做有益的事情，善待生命，看淡死亡。如果想要歸隱，其實未必一定要退隱於山林，只要歸隱於自己的內心就好，因為自己的心中，有神明為伴。

**延伸閱讀**

◆ 古羅馬：馬可・奧理略，《沉思錄》。

## ╱ 結 語 ╱

　　西元前 8 世紀到西元前 3 世紀是人類文明的軸心時代。這是人類歷史上真正群星璀璨的時代，今天人類思想和智慧的基礎，都是在這個時代確定下來的。人類文明的偉大精神導師——孔子、老子、釋迦牟尼、蘇格拉底、柏拉圖、亞里斯多德和猶太先知們，在這一時代集體亮相。他們的思想在人類智慧寶庫中的作用，堪比幾何學公理之於數學，牛頓力學三大定律之於物理學，元素週期律之於化學，因此對今天的人依然意義重大，尤其是對我們如何認識世界和自我有很大啟發。可以說，正是這些先哲共同塑造了直到今天的人類的心靈，推動了人類文明整體的進步。

# 第2章

## 理性主義的智慧之路

# 理性的光芒：
# 探索知識的奧秘

理解並運用先哲的方法論，
是我們在複雜世界快速進步、提升效率的關鍵途徑

　　從 17 世紀開始到 20 世紀初，這 3 個多世紀是人類在科學、技術、工程和商業上獲得大發展，在法律和政治制度上不斷改進的時代。今天，我們對這個時代的成果如數家珍，比如微積分、牛頓力學、啟蒙運動、工業革命、古典經濟學、細胞學說、演化論、電的使用等等。

　　而這些成果的取得，其實和哲學上方法論的突破有很大關係——在這個時期，人類不再靠感覺、不完整的經驗或者神的啟發做事情了，而是開始靠自己的理性行事。因此，這一時期的新思想，特別是在哲學方法論上的思想，特別值得我們了解。

# 我們該選擇理性
# 還是經驗？

　　西方人對哲學的關注大致可以分為兩個階段。第一個階段主要關心世界是什麼，古希臘樸素的原子論就是為了回答這個問題。但是，相比世界是什麼，我們其實更關心另外兩個問題——一個是別人在想什麼，他會對我好，還是會傷害我；另一個是我怎樣才能有效獲得知識和經驗，以便更好地在這個世界謀生。

　　這兩個問題都和認識論有關，前者涉及了解人，後者涉及了解外部世界。不同人會根據經驗總結出不同的方法，有些方法有用，有些方法沒用。但是，絕大部分人並不知道自己的方法好還是不好，甚至有些人活了一輩子也不知道如何識人、如何學習、如何提高認知水準。這些問題我們可以概括成如何認識世界。

　　因此，從 17 世紀開始，歐洲很多哲學家開始思考上面這些如何認識世界的問題了，他們希望為人類找到最有效的方法。當然，他們的觀點不同，進而形成了哲學上不同的方法論。也就是在這個時期，即第二個階段，哲學的發展轉變了方向，從過去關

注世界的本源變成了關注方法論。

在這個過程中，笛卡爾和法蘭西斯·培根等人起到了關鍵性的作用。他們提出的方法論，被後人歸納成兩大類。一類被稱為理性主義，認為要通過理性思考獲得新知，代表人物就是大名鼎鼎的笛卡爾。在笛卡爾之後，史賓諾沙和萊布尼茲將理性主義哲學推向了高峰。另一類被稱為經驗主義，強調經驗在獲得新知中的作用，並且總結出了一整套從經驗中總結知識的方法，代表人物有培根、湯瑪斯·霍布斯、約翰·洛克、喬治·柏克萊和大衛·休謨等。

在隨後的幾百年裡，理性主義和經驗主義不斷交鋒，又都不斷補充，讓人類對如何認知有了系統性的了解。在當時，這推動了 17 ～ 18 世紀的科學革命；在今天，這讓我們能比前人更有效地學習和進步。因此，系統了解理性主義和經驗主義的方法論是非常必要的，這可以讓我們獲得可重複的成功、可疊加的進步。

直到今天，絕大部分人的成功依然具有很大的偶然性，這次成功了，下次未必。而且，他們的進步也不是可疊加的，上次進步可能對接下來的工作沒有什麼幫助。但有些人則不同，他們能夠比同等智力水準和經濟條件的其他人成就大很多，原因就在於他們會主動應用理性主義和經驗主義的方法論，做到可重複的成功、可疊加的進步。於是，別人在兜圈子的時候，他們在穩步

前進。我年輕時，雖然也自己總結了一些做事的方法，但是不系統。後來系統學習了方法論，才發現有好的做事方法之後，成功率得到了顯著提高。

在方法論中，既然有理性的，也有經驗的，我們該倚重哪一種呢？特別是它們彼此矛盾而不可兼得時，我們可能不得不選邊站，這時該怎麼辦呢？這還得從選邊站這個話題詳細說起。

在生活中，你會發現人們經常為一些問題爭吵。比如，股市跌了，人們會為是不是由升息引起的而爭吵。有人會從經濟學的角度分析升息對股市的影響，得出升息讓股市下跌的結論；也有人會根據歷史經驗分析，說升息既可能讓股市上漲，也可能導致股市下跌，兩者的可能性各占 50%。

其實，這些人都是在選邊站，只是他們可能並不自知。在這個例子中，前一種人的思維方式是理性主義的，後一種人是經驗主義的。

即便在市場上沒什麼重大消息時，每個人做判斷和做決定的依據也是不同的。有些人相信所有企業都有內在價值，研究清楚它們的內在價值，我們就知道該不該買它們的股票了。這些人相信內在屬性比外在表現更重要，他們通常被稱為價值投資者，代表人物是巴菲特。另一些人則認為，股票的漲跌是隨機的，同一家公司的股票，昨天漲有漲的理由，今天跌也有跌的理由，這說

明所謂的內在價值可能並不存在。在這些人看來，外在表現才是最重要的，其中的代表人物是詹姆士・西門斯[1]。在這兩類人中，前者的方法論是理性主義的，後者是經驗主義的。

雖然我們常說不要選邊站，要就事論事，是非比立場更重要。但在現實生活中，人不自覺地就會選邊站，甚至是不得不選邊站。比如在單位，有一個永遠會引起爭論的話題，就是實際的工作經驗和理論水準哪個更重要。在這個問題上，人們往往會從自身處境出發，或者根據將來的利益，不自覺地選邊站。學歷較高的人，會傾向於支持理論水準更重要；工作年限較長的人，則會認為完成任務最重要。

選邊站並不可怕，可怕的是不知道往哪裡站。在現實生活中，每個成功的投資人都有自己的一整套投資哲學，並且能夠長期堅持，這是他們成功的原因。對於同一件事，他們的看法可能有所不同，甚至完全相反，但這並沒有對錯之分。只要堅持自己的方法論，就能在某種程度上很好地認識世界。相反，很多人不是不學習、不努力，而是缺乏一套方法論，一會兒學巴菲特的價值投資，一會兒又學西門斯的短線投資，每次遇到問題就慌亂，

---

1 詹姆士・西門斯（James Simons），對沖基金公司文藝復興科技公司的創始人，也是世界上最成功的投資人之一。

結果就是在股市上不斷虧錢。

其實，不僅我們會選邊站，哲學家也會選邊站。回顧第一章講的柏拉圖和亞里斯多德在哲學上的分歧，你就會發現，他們對世界本源是什麼的看法大不相同。從那時到 17 世紀近兩千年裡，站在柏拉圖一邊的和站在亞里斯多德一邊的都大有人在。

柏拉圖提出了關於世界的二元論主張，即包含一個理念世界和一個現實世界。理念是天賦的，萬物有共同的屬性，現實世界的不同只是理念的不同表現形式，因此理念世界決定了現實世界。

如果你認可這種理論，在投資上就會傾向於採用巴菲特的方法，相信股市存在決定著所有股票價格的內在規律。

亞里斯多德則不同，他認為事物的外在形式決定了其內在屬性。馬和牛長得不一樣，因此它們不是同一個物種。至於牛、馬、豬、羊等都有一個鼻子、兩隻眼睛的共性，是因為某些事物可能存在共同的特性，我們只是把那些共同的特性當成了共性。

如果你認可這種觀點，在投資上就可能會傾向於採用西門斯的方法，就事論事，認為不同股票的上漲來自不同的原因，沒有必要用同一種方法對待它們。正是因為亞里斯多德認為外在的表現更重要，他才對生物根據外在的表現進行分類，把具有同一個特性的生物放在一起研究。

到了近代，哲學家在方法論上產生了理性主義和經驗主義的

分別。而到今天，這兩種方法論都有大量成功案例作為支持。所以，你可以在其中選一隊去站，只不過要事先了解每支隊伍通向哪裡。

**延伸閱讀**

♦ 德國：F. W. J. 謝林，《近代哲學史》。

# 理性主義思維
# 究竟是什麼？

　　談到理性時，人們常常會陷入兩個誤區。第一個誤區是，覺得理性思維就是動腦子；第二個誤區是，覺得理性思維和理性主義思維（理性主義方法論）是同一回事兒。下面，我們就分別來看一下為什麼這兩種認識都是錯誤的。

## 理性思維 vs 動腦子

　　先來看一個例子。過去這些年，中小學生參加補習班成了一種風氣，而家長送孩子去補習班的邏輯是這樣的：

　　　　班上的小王參加了補習班，成績提高了；

　　　　班上的小李沒有參加補習班，成績下降了；

　　　　周圍已經有很多孩子參加補習班了，因此我們決定送小明

　　去上補習班。

這位家長顯然動了腦子，但他這種思維方式是理性思維嗎？你可能會覺得不是，因為他思考時用的邏輯不嚴密，採用了不完全歸納法，未必能得出正確的結論。那麼，如果我們把上面這種思維邏輯做一點修改：

班上參加補習班的同學成績都提高了；因此我們決定送小明去上補習班，這樣他的成績就能提高。

請問，這位家長的思維方式是理性思維嗎？你可能會想，這回應該是了。畢竟，這種思考過程不就是邏輯學中的三段論嗎？但如果仔細想想，你就會發現，其中可能還是存在問題。我們不能排除存在這種情況——參加補習班的學生是老師篩選出來的，他們本身就是學習能力比較強的人，補習一下，成績自然會變得更好。但如果一個人功課負擔已經很重了，再花很多時間補習，成績反而可能會下降。

實際上，我還真遇到過這種情況。那時，老師給班上幾個數學成績比較好的同學補課，希望他們能進一步提高；後來，一位在數學學習上負擔比較重，但家長有點權勢的同學，也被安排進入這個補課小組，結果他不僅跟不上大家的節奏，還因為負擔過重影響了成績。當然，還有一種可能性也必須考慮——即使不參加補習班，小明的成績也能提高。這說明參加補習班不是成績提

高的必要條件。

那麼，這個例子是否說明三段論錯了？並不是。三段論本身沒有錯，只是這位家長錯用了三段論。用三段論來推理，應該是這樣的：

班上參加補習班的同學成績都提高了；小明在上補習班，因此他的成績也提高了。

對比這兩句話，你會發現一個細微的區別——後一句話講的是已經發生的事實，即小明已經在上補習班了；前一句話講的則是對未來的假設，即決定送小明去上補習班。在生活中，把這兩種情況搞混的大有人在。比如，很多炒股的人會想，之前炒比特幣的人都發財了，我要趕快加入進去；或者，這個機構推薦的股票都漲了，我要把錢交給他們管理。結果不難想像，真等他們拿出真金白銀，等待他們的往往不是賺錢，而是賠光老本。這些人可能還會想，我的想法沒問題啊，我也是經過理性思考的。事實上，他們的確思考了，但這並不是理性思考，更不能說他們有理性思維。

那麼，究竟什麼是理性思維呢？

首先，理性思維要以清晰的概念為基礎。概念不是天然物，而是人們創造出來的，是人類理性的體現。雖然大自然進化出了

各種生物，但「動物」、「植物」、「哺乳動物」、「爬行動物」、「花草樹木」等概念都是人類發明出來的。擁有理性思維的第一步是要了解和接受這些概念，因為只有理解了這些概念，在找原因、做判斷時，我們的頭腦才有可能保持清晰，不會變成一團漿糊。

其次，理性思維要求尋找真正具有因果關係的原因，而不是看似符合邏輯的原因。在古代，很多人會把自己解釋不了的事情想像成超自然力量控制的結果。比如，在遇到惡劣的天氣時，古希臘人會說那是宙斯消化不良的結果；遇到收成不好的情況，他們會說是掌管豐收的女神狄蜜特生氣了；遇到地震和海嘯，他們則會說是海神波塞頓在用他的三叉戟頓地。這些解釋並非不能在邏輯上自洽，而是一開始的前提就錯了。從錯誤的前提出發，可以推導出符合邏輯的結論，但那並不是正確的結論。今天，相信超自然力量的人已經不多了，但相信陰謀論的人卻不少，這其實也是缺乏理性的體現。

最後，也是最重要的，理性思維要符合邏輯。不管是什麼時候，在論證一個結論時，論證的方法都必須是有效的。這一點不難理解。在前面講的幾個例子中，論證的過程其實都是無效的。

第一個認識到理性思維重要性的哲學家是古希臘的泰勒斯。他不僅認識到了概念的重要性，還指出對於任何自然現象，都要尋找其背後自然的原因，而不是神秘的原因。比如，他提出，月

亮發光是因為它反射了太陽的光芒，而不是因為存在一個月亮神；日蝕是因為月亮擋住了太陽，而不是因為某個天神在發怒。後來，為了紀念泰勒斯和其他早期這樣思考的哲學家，亞里斯多德把他們稱為 Physikoi（物理學家），其中的 Physis 在希臘語中是「自然」的意思。也就是說，亞里斯多德認為，泰勒斯等人是用自然解釋自然的人。和物理學家對應的是神學家（Theologoi），即用超自然力量思考的人。有了理性思維之後，泰勒斯就能用同一個科學原理解決一大批實際問題了。泰勒斯一生遊歷了很多地區，包括人類最早的文明中心美索不達米亞和古埃及。在埃及，他發現當地人能用幾何學知識計算土地面積，但他們只在農耕需要時這麼做，卻不知道用同樣的知識可以測量大金字塔的高度，雖然大金字塔就是埃及人建造的。類似地，埃及人能用長度計算角度，卻不知道用角度計算被障礙物隔開的兩地之間的距離，比如河的寬度。同樣的知識到了泰勒斯手裡，他就能用來做不同的事情，這讓埃及人非常驚訝，也讓他們對泰勒斯非常尊重。

泰勒斯還提出，並非所有知識都具有普遍意義。有些知識只能用來解決具體問題，不過是一些具體問題的解法，它們常常是經驗。還有些知識帶有規律性，可以讓人解決大量問題，泰勒斯稱之為定理。具體問題的解法可能只涉及具體的事例，定理卻要建立在抽象概念的基礎之上。後來，歐幾里得將泰勒斯的部分發

現收錄到了《幾何原本》中。

## 理性思維 vs 理性主義方法論

　　泰勒斯雖然已經認識到了理性的重要性，但他認識世界還非常依賴經驗和觀察，並非依靠純粹的理性，而且他的學說中還充滿了很多無法驗證的主觀想像。後來，畢達哥拉斯超越了包括泰勒斯在內的所有自然哲學家，建立了純粹的理性主義方法論，將理性思維上升到了理性主義。

　　在《科學大歷史》一書中，著名理論物理學家和作家雷納・曼羅迪諾講述了這樣一個事實：自文明誕生開始（從美索不達米亞的蘇美爾文明算起），直到畢達哥拉斯生活的時代，人類發展了幾千年，形成的所有知識體系都只能算「前科學」。「前科學」是比較好聽的說法，難聽的說法叫「巫術式」的知識體系，或者叫「想當然」。即便是理性思維的宣導者泰勒斯，也沒有完全從前科學中走出來。他的很多推理，比如認為地震是海浪衝擊大地的結果，其實都是毫無根據的想像。

　　畢達哥拉斯則不同，他提出了用純粹理性而不是用經驗構建知識體系的基本方法，即從假設的前提出發，通過邏輯推導得出結論，而結論就又成為新的前提。這樣，知識就能不斷被發現、

被創造出來了。在這個過程中，所有結論都是邏輯自然演繹的結果，而非通過度量和實驗得出。以畢氏定理為例，雖然在畢達哥拉斯之前，各個早期文明的學者都已經注意到了這種現象，也舉了很多滿足畢氏定理的例子，但那都不能算發現一般性的規律，只是對具體情況的描述。畢達哥拉斯把這種規律用命題的方式描述出來，並用邏輯嚴密的推理方法證明，這就讓人們可以放心地將畢氏定理應用到任何場合。

這樣從幾個最基本的假設前提出發，不引入任何主觀想像，完全靠邏輯構建知識體系的方法，就是理性主義。基於理性主義的方法得到的結論，由於是用邏輯嚴格證明出來的，因而具有普遍意義。

可以說，只要發現一個定理，就能解決一大批問題，這樣人類的進步就更快了。也正是因為這一點，兩千年後，當萊布尼茲思考理性的意義時，他才會指出，沒有理性，就沒有普遍性的規律。

即便是在非數學領域，理性主義方法論也非常有用。比如，今天大陸法系國家法律體系的構建過程，其實就很像一個幾何學知識體系的搭建。首先，法律體系中要有一些概念，比如「法律主體」，這相當於幾何學中「點」、「線」、「面」的概念。其次，每個成文的法律條文其實都是一個定理。應用法律條文判案，和

應用幾何定理解決實際問題是同一種思路。但是，為什麼法律條文可以這樣制定，而不能隨意制定？了解一點法律史的人都會講，大陸法系法律的基礎是羅馬法，而羅馬法的基礎是自然法，比如任何生命都有基本的生存權。而自然法更像是公理，它沒有依據。如果我們把人的基本權利對應到柏拉圖講的理念世界，把不同法律對應到他所說的現實世界，一切就都很好理解了。

類似的，古典經濟學[1]建立在「經濟人」這個抽象概念之上。亞當・斯密假定經濟人都是理性的，要追求經濟利益。這個假設相當於公理，把它撤掉，整個古典經濟學的大廈就坍塌了。至於為什麼能做這樣的假設，這其實是亞當・斯密根據他對人本性的認識，堅信的一種理念。亞當・斯密雖然無法證明它是公理，卻把它當作公理用了，而幾百年的經濟學實踐並沒有推翻這條公理。

甚至那些要依靠實驗和觀察才能建立起來的自然科學，要想形成一個學科體系，也需要引入理性主義的方法。所有自然科學，歷史都可以追溯到人類早期文明時期，但那時它們都還只是一個個不成體系的知識點。直到近代，科學家用理性主義的方式對其進行改造，才有了今天一門門自然科學。在這個過程中，人

---

1 指凱因斯理論出現之前的經濟思想主流學派，一般指英國古典經濟學，由亞當・斯密開創。

們要先確定命名的法則和抽象的概念。比如，化學有化學命名法，生物學和醫學也有相應的命名法；化學中有「酸」、「鹼」等基本概念，物理學則有「速度」、「質量」、「時間」等基本概念。這些命名法和概念都是人為創造出來的，但有了它們，不僅可以更方便地解釋各種科學現象，還可以構建出相應的學科架構。

畢達哥拉斯能夠超越他所處的時代，提出理性主義的方法論，和他的經歷分不開。早年，畢達哥拉斯在當時已知的世界遊學，他的學問和見識都非常廣。中年之後，他自己辦學，成立了畢達哥拉斯學派。在學園內，他和弟子潛心研究事物之間抽象的關係，特別是能夠通過數字量化的關係。畢達哥拉斯學派有一個基本的觀點，就是「萬物皆數」。從這個假設出發，他們演繹出了一整套自然哲學體系。

畢達哥拉斯的思想影響深遠，直到近代，哥白尼和伽利略等人依然深受他的思想影響。不過，畢達哥拉斯留下了一個所有人都難以回答的問題——在一個邏輯上能自洽的知識體系中，最初的假設前提是什麼？對此，不同領域的學者有不同的回答。

在數學領域，歐幾里得認為，最初的假設前提是公理，而公理是不證自明的。在法律領域，西塞羅等人認為是自然法則，而自然法則也是不言自明的。那其他領域呢？是否也存在一種不證自明的本源作為一切知識的出發點呢？為了回答這個問題，柏拉

圖提出了二元世界觀。

柏拉圖認為，先有理念世界，再有現實世界作為對它的映射，而理念世界是完美的。這似乎補上了畢達哥拉斯留下來的窟窿，因為完美的理念世界可以作為一切推理的起點。不過，柏拉圖這種觀點本身是無法驗證的，而這就留給近代的哲學家們去解決了。

如果用四個詞來概括理性主義的思維方法，那就是概念、前提、因果關係和邏輯。其中，最容易被忽略的是概念和前提。今天，生活中很多爭吵產生的原因都是概念不清晰，而很多時候按照過去的經驗或者理論做事失敗都是因為忽略了前提。因果關係是概念之間的關聯，邏輯則是一個解決問題的框架，或者說工具。

最後再次強調一下，理性主義和我們常說的「人要理性」並不是一回事。不採用理性主義的方法論做事情，未必不理性。比如，投資領域經驗主義的代表人物西門斯其實出奇地理性，只不過他並不看重因果關係。

同樣，理性主義者也未必會否認經驗的意義。比如，投資領域理性主義的代表人物巴菲特在他投資生涯最後的二十多年裡，每次給股東作報告，都要強調幾十年的經驗在不斷驗證他的理論。當然，採用理性主義方法論的好處是，一旦發現一個規律，可以用很長時間，可以用於各種場景。巴菲特就是在幾十年裡一

直堅持少量簡單的原則，並且將其用於各種股票的投資。相比之下，西門斯投資時就沒有什麼原則了，需要不斷調整自己的策略。因此，我們可以認為，**理性主義的方法更具有預見性，而經驗主義的方法更具有適應性。**

接下來的問題就是，理性主義預見性的基礎是什麼呢？

**延伸閱讀**

◆ 美國：雷納‧曼羅迪諾，《科學大歷史》。

# 何為邏輯的
# 預見性？

　　在歐洲長達近千年的中世紀，方法論並沒有比柏拉圖和亞里斯多德時期進步多少。在西羅馬帝國末期、中世紀正式開始之前，歐洲出了一位了不起的哲學家和神學家——聖奧古斯丁。他完成了一件大事，就是用柏拉圖的哲學思想給基督教神學找到了哲學依據，這讓基督教的教義變得非常符合邏輯。在整個中世紀，科學相對停滯，但邏輯學依然得到了發展，並且成為修道院及後來大學裡的必修課。到中世紀後期，歐洲又出現了一位了不起的哲學家和神學家——聖托馬斯·阿奎那。他完全接受了亞里斯多德的哲學和自然科學的思想，把科學納入神學的範圍。

　　阿奎那和奧古斯丁的差異，就相當於亞里斯多德和柏拉圖的差異。奧古斯丁認為，對於神，你信就好；阿奎那則認為，人可以通過理性證明神的存在，並且能搞清楚神創造世界的規律。阿奎那後來被封聖，他的學說也完全被教會接受，這就為科學研究打開了方便之門。不過，由於阿奎那幾乎肯定了亞里斯多德的所

有結論，而亞里斯多德對世界的很多描述又是錯誤的，因而人們在長達幾個世紀的時間裡一直接受著一大堆錯誤概念。

最初對亞里斯多德在物理學上的結論提出疑問的，是文藝復興後期著名的物理學家伽利略。你肯定知道伽利略糾正亞里斯多德錯誤最有名的例子，就是關於重的物體和輕的物體是否能以同樣的速度下降的問題。很多人可能都看到過這樣一種現象：重的石頭要比輕的羽毛落地更快。

從這種經驗出發，不難得出輕的物體比重的物體下降速度慢的結論。亞里斯多德是一位注重經驗的哲學家，他會得出這樣的結論並不奇怪。但我們今天知道，這個結論並不正確，只是想要從日常經驗出發來否定它並不容易。

關於伽利略是如何發現物體下落速度和質量無關的，今天很多人，包括很多國家的小學教科書上，都說他是因為在比薩斜塔上做了一個實驗。據說，伽利略在比薩斜塔頂部，將一個 10 磅[1]重的鉛球和一個 1 磅重的鉛球同時放下，然後大家看到兩個鉛球同時落地，於是得出了正確結論。不過，今天的科學史家對伽利略是否進行過這個實驗頗為懷疑，因為只有他的學生和助手溫琴佐‧維維亞尼記錄了這件事。當然，不管這個實驗是不是真的，

---

[1] 1 磅 ≈0.45 公斤。

伽利略的確是給出了自由落體速度和質量無關的正確結論，從而否定了亞里斯多德的理論。

伽利略之所以能得出正確結論，是因為他發現了亞里斯多德說法中一個明顯的邏輯錯誤。伽利略設想了這樣一種情況：把一個 10 磅重的球和一個 1 磅重的球綁在一起扔下去，它們的下降速度是比單獨一個 10 磅重的球更快還是更慢？根據亞里斯多德的說法，如果把它們看成一個整體，下降速度應該更快，因為 11 磅比 10 磅重。但如果認為它們是兩個球，因為那個 1 磅重的球比 10 磅重的下降慢，所以會拖後腿，使兩個球在一起的下降速度比 10 磅重的球單獨的下降速度慢。

同樣的兩個球，不可能既比 10 磅重的球下降快，又比 10 磅重的球下降慢，這是矛盾的。而要消除這個矛盾，只能是兩個物體無論輕重，都以同樣的速度下降。如果伽利略真的登上過比薩斜塔做實驗，他也只是去驗證一下自己的想法，並非通過經驗獲得知識，因為他的知識來自理性。

伽利略雖然沒有像後來的笛卡爾那樣，專門著書強調只有通過理性才能獲得新的知識，但他是一個非常相信理性的人，他的很多成就都是理性思考的結果，比如他對日心說的完善。不過，伽利略也因此犯了一些錯誤，因為理性成立的條件是假設前提必須正確。

　　邏輯的預見性不僅體現在物理學這種非常需要邏輯的科學中，也體現在非常依賴經驗的領域，比如醫學。

　　在醫學史上，英國醫學家威廉·哈維是一個劃時代的人物。

　　他對醫學的貢獻不僅在於提出了血液循環論，更在於確立了現代醫學的研究方法。在哈維之前，歐洲的醫學一直建立在經驗的基礎之上，比如西方醫學奠基人希波克拉底和被譽為醫聖的古羅馬名醫蓋倫都是如此。蓋倫記錄了每一次行醫的細節，然後根據長期累積的經驗，建立起了一套醫學理論。他留下的醫學著作非常多，即使是用今天很小的字型大小印刷，也有幾十大本。但是，蓋倫對人體器官的功能並不了解。比如，他認為血液是從心臟輸出到身體各個部分，而不是迴圈的。也正是因為如此，蓋倫並不認為人體的血液是有限的，進而將古代的放血療法更加系統化和擴大化，而這種謬誤要了很多人的命。

　　哈維最初對蓋倫的理論產生懷疑，並不是靠做實驗或者有相關的經驗，而是從邏輯推理出發發現了問題。哈維通過解剖學得知心臟的大小，並且大致推算出心臟每次搏動泵出的血量；然後，他根據正常人心跳的速率，進一步推算出心臟一小時要泵出將近 500 磅血漿，血漿占血液的 55%，所以一天就是 5 噸血液。如果血液不是迴圈的，人體內怎麼可能有這麼多？根據這個矛盾，他提出了血液迴圈的猜想，又通過長達九年的實驗驗證了這一理

論。後來，哈維把他的研究成果寫成了《心血運動論》[1]一書。這本書的影響不僅在於提出了一種新的醫學理論，更在於找到了一種研究方法，就是從能夠邏輯自洽的假設出發，通過實驗驗證假設，這使歐洲後來的醫學得以突飛猛進地發展。

哈維的發現和工作方法給笛卡爾帶來了很大的啟發，笛卡爾後來能夠寫出《方法論》，跟哈維的研究工作密切相關。不過，哈維的理論能被大眾接受，也受益於笛卡爾的支持。一開始，哈維的理論雖然在英國被認可了，但在歐洲大陸，特別是在法國，他的理論受到天主教勢力的強烈反對。笛卡爾比哈維小十幾歲，了解了哈維的成就後，他對這位近代科學的先驅敬重有加。由於笛卡爾在法國宮廷和思想界地位崇高，在他的支持下，哈維的理論才在歐洲大陸站住了腳。

最後，來談談邏輯的預見性對我們有什麼用。生活中的很多事情，我們不需要真的去做，靠邏輯就能驗證其真假。比如，我在《軟能力》一書中講到為什麼中國不可能有一半以上的大學畢業生年薪在 100 萬元人民幣以上，這件事的真假靠邏輯就能分析清楚。再比如，任何帶有龐氏騙局色彩的投資都不能持久，不管

---

1 這本書和哥白尼的《天體運行論》、牛頓的《自然哲學的數學原理》，以及達爾文的《物種起源》並稱為改變人類歷史的 4 本科技巨著。

如何包裝，總有爆雷[1]的一天。這件事也不需要真的參與，靠邏輯
分析分析就清楚了。

**延伸閱讀**

♦ 吳軍，《全球科技通史》。

♦ 吳軍，《軟能力》。

---

1 金融術語，網絡流行詞，指的是投資項目或 P2P 平台因為逾期兌付或經營不善問題，未能
　償付投資人本金利息，而出現的平台停業、清盤、法人跑路、平台失聯、倒閉等問題。——
　編者註。

# 有沒有系統發現
# 真理的方法？

　　從 17 世紀開始，科學發展突然加速，爆發了我們今天所說的科學革命，人類在隨後的二百年裡產生的知識總量，超過了之前人類歷史所產生知識的總和。這固然有當時歐洲政治、經濟環境良好的原因，但更重要的原因是科學家們掌握了好的方法論。採用了這些方法論，科學家就能獲得可重複的成功；而在此之前，科學發展有很大的運氣成分，常常要等好幾百年才能取得一些突破性成就。

　　笛卡爾概括總結了 17 世紀的科學方法，並寫成了《方法論》（它其實是篇長文，也譯作《談談方法》）一書。不過，在介紹笛卡爾的方法論之前，我們先來了解一下這個人，因為一個人的思想常常和他的經歷有關。

　　笛卡爾的父親是法國的一位地方議員，他的家庭在當時算是很富有、地位也比較高的，因此他從小受到了良好的教育。不過，笛卡爾身體不太好，在病床上度過了很多時光，而這讓他養成了

安靜思考的習慣，並且他將這種習慣保持了一輩子。

笛卡爾在大學學的是法律，在年輕時遊歷了歐洲很多地方，還在幾個國家當過兵。因此，他學識淵博，見識豐富。不過，他只對數學有濃厚的興趣。在一次旅行中，他看到街上貼了一張數學題懸賞求解的啟事，回去花了兩天就把那道題解決了。這引起了當地數學家的注意。

在遊歷歐洲並且當了一段時間兵之後，笛卡爾想安定下來了，於是他回到法國，但不巧又趕上法國內亂，於是再次到荷蘭、瑞士和義大利等國家旅行了四年。此後，他在巴黎待了三年，然後移居到當時民主思想和人文氣息濃郁的荷蘭，一住就是二十年。笛卡爾幾乎所有研究成果都是在荷蘭做出來的。

據說，笛卡爾曾經夢到自己找到了一條通向知識寶庫的路。這個逸聞沒有史料支持，但是流傳甚廣。不過，笛卡爾的確希望找到一種類似於數學，但更具有普遍意義，能夠系統發現各種知識的方法。這其實就是他理性主義方法論的由來。

很多談論笛卡爾的人喜歡八卦他和瑞典女王克里斯蒂娜的愛情傳說。真實情況是，這位年輕的瑞典女王仰慕笛卡爾的才學，重金聘請笛卡爾到瑞典擔任宮廷教師。瑞典女王比笛卡爾小了整整三十歲，兩人的生活經歷也沒有過任何交集，所以兩人之間產生愛情的可能性不大。笛卡爾身體不好，喜歡溫暖的生活環境，

並且習慣於晚睡晚起。瑞典女王則喜歡早起，五點鐘就開始學習，而且生活在非常空曠的大宮殿。當時正值冬季，宮殿裡非常寒冷。笛卡爾很不喜歡這樣的生活，但是也沒辦法。不過到了瑞典之後，僅僅四個月，他就生病去世了。也就是說，笛卡爾在瑞典並沒有收穫愛情，反而送了性命。

笛卡爾在各個領域的成就非常多，但他一直致力於為人類尋找一套系統、有效地獲取知識的方法。這些方法體現在他的哲學著作，特別是在《方法論》一書中。

按照獲取知識的方式，笛卡爾把人的知識分為三類。

第一類是生來就有的知識。比如，孩子生下來就知道吃奶。今天我們把這類知識稱為來自人的本能或者本性的知識，不用操心如何學習。

第二類是從外界學來的知識。比如，學生在學校學到的知識。我習慣於把這類知識稱為「他人告之」的知識。在笛卡爾所處的時代，挑戰是這類知識總量不夠，學習的手段也不夠多，因此要找一個博學的好老師，向他學習。今天，最大的挑戰則在於它們總量太多，因此我們必須知道如何過濾，否則根本學不過來，接受得太多了甚至會有害。

第三類是自己創造的知識，這也是最重要的一類知識。人類所有發明和發現都屬於這類知識。對接受者來講，第二類知識是

從外界學來的，但它們最初也是通過創造得到的。人類進步的速度取決於這類知識產生的速度；一個人是否具有創造力，也取決於他能否創造知識。因此，在《方法論》中，笛卡爾重點討論的就是如何獲取這類知識。他給出了一整套行之有效的研究問題的方法，這套方法也被稱為科學方法，包括以下五個要點。

**第一，不盲從。**

笛卡爾認為，不要接受任何自己不清楚的結論，更不要把它當作真理，哪怕它來自權威人士。笛卡爾說這話是有時代背景的——在 17 世紀之前，人們習慣於服從權威；在文化、宗教甚至科學領域，人們都覺得有所謂的正統思想、正統理論。

笛卡爾超越當時哲學家的地方在於，他指出要根據自己的理性來判斷確定一個命題（說法）是否值得懷疑。你可能知道笛卡爾有句名言是「懷疑一切」。這裡的懷疑一切並非胡亂猜疑、疑神疑鬼，而是說要用理性過濾那些有明顯矛盾的結論。這就如同前面所說的，很多事情即使不去做也能知道做不成，因為它們在邏輯上沒有成立的可能性。

笛卡爾這個主張，直到今天依然有現實意義。畢竟，我們今天能得到的資訊太多了，它們可能彼此矛盾，讓人不知道該聽誰的。於是，很多懶人就聽所謂專家的，甚至簡單地先入為主，盲目接受自己喜歡聽的話。

### 第二，大膽假設，小心求證。

每當說起笛卡爾，很多人就會想到「大膽假設，小心求證」這句格言。不過，雖然笛卡爾表達過這個觀點，但他的原話不是這麼說的。實際上，這句話是胡適先生根據笛卡爾的思想總結出來的。對於這個觀點，笛卡爾描述的原話比較晦澀冗長，我把它附在了本節正文的後面。如果你感興趣，可以看一下。

簡單地講，笛卡爾所謂的大膽假設，不是胡亂假設，而是說在做假設時，不能引入任何未經檢驗的先驗知識，因為那樣就有可能把正確結論首先排除在外了。比如，政府要制定一項政策，即通過提高稅率的方式增加稅收。這種政策以一個假設為基礎，就是提高稅率能夠讓稅收成比例地增加，這個假設符合我們的直觀感覺。但是，我們不能排除另一個假設，就是提高稅率反而會使稅收減少。即便這種假設不符合我們的認知，我們也不能在一開始就排除這種可能性。

笛卡爾大膽假設的思想可以追溯到中世紀後期的阿奎那。阿奎那試圖調和各種思想，特別是基督教神學思想和亞里斯多德的科學思想，他用的方法是「有包容的辯證法」。辯證法的英文是dialectic，字面意思是「說話的藝術」。在哲學上，它特指柏拉圖描述的那種像蘇格拉底引導大家不斷對話，接近事物本質的討論方法。阿奎那不是提出唯一的命題，然後千方百計地證明其正確

性，而是先不作預設，把各種看似矛盾的觀點列出來，然後一點點分析，看在哪個層面是對的，在哪個層面犯了錯誤。當然，和阿奎那有所不同，笛卡爾在求證方面放棄了考據這種經院哲學家的做法，轉而強調通過感知和理性去求證。

今天我們在工作中經常會進行腦力激盪，這其實就是阿奎那講的列出所有可能性，或者笛卡爾說的大膽假設。可見，哲學家提供的很多工具和我們日常的一些做法是一致的，只不過我們是自發、無意識地採用了那些方法，哲學家則希望那些方法能成為人們做事的規範。

雖然我們通常把笛卡爾看成理性主義的代表人物，認為他站在經驗主義的對立面，但他其實並不否認感知的重要性。他還舉過這樣一個例子：一塊蜂蠟，你能感覺到它的形狀、大小和顏色，能嘗到它蜜的甜味，能聞到它花的香氣，你必須通過感知認識它。然後，你把它點燃[1]，能看到它性質的變化，它開始發光、融化。把這些聯繫起來，才能上升到對這塊蜂蠟的抽象認識。

當然，笛卡爾最終看重的是獲得關於蜂蠟的本質認識，而不是大量的直觀經驗。因此，他強調要靠邏輯這個工具，而不是靠個人的聰明才智獲得結論。笛卡爾指出，不同的人會對同一事物

---

1 過去，蜂蠟常常被當作蠟燭使用。

產生不同的感知，因此根據個人感受得到的結論是不可靠的。相反，邏輯不受個人感受影響，因此不同的人根據邏輯得到的結論是相同的。只有這樣的結論才可靠，才有普遍意義。這其實就是小心求證。

具體來說，「小心」有兩層含義。第一層含義是我們通常意義上講的小心，就是要保持頭腦清醒，在了解真相的情況下作出判斷。第二層含義是利用人的能動性，也就是理性。只有利用了能動性，才能得到正確的結論。

**第三，化繁為簡。**

通常，一個沒有答案的問題會很複雜，不太可能一下子解決，我們要儘量把它分解成多個簡單的小問題來研究，一個一個地分開解決。這一步也被稱為分析。

你可能有這樣的體會：生活中有些人好像特別能幹，什麼事到他們手裡都能解決，哪怕是一些和他們所學專業無關的問題。比如，家裡各種電器或者設施壞了，他們琢磨琢磨就都能修好。別人在工作或者生活中遇到困難，找他們幫忙，他們給的辦法也都是可行的。這些人給人的感覺是什麼都會，外人以為他們懂的特別多。其實，他們並不完全是知識豐富，而是善於拆解問題。反之，不善於解決問題的人往往都有一個共同特點，就是不會拆解問題。可以說，所謂解決問題的能力，大多就體現在能拆解問

題上。

生活和工作中的難題就像是一道複雜的幾何題，有人見了會發懵，有人則能拆解開，對應到一些簡單的定義、公理和定理。對於前人沒有解決的難題，有人能解決掉，有人則是一頭霧水，原因就在於前者會拆解，後者不會。假如給我們一整頭牛要我們吃，我們一定會無從下口。但如果我們有庖丁的本事，把牛分解了，就能吃到肉了。

**第四，先易後難。**

在解決被拆解出來的小問題時，笛卡爾說應該按照先易後難的次序逐步解決。

解決難題時，很多人是懷著挑戰自我的心態去攻關，覺得自己能逆流而上，解決了問題特別有成就感。其實，真正善於解決問題的人，首先會判斷被拆解出來的小問題中哪些容易解決，哪些比較難解決。通常，當大部分容易解決的問題得到解決後，看上去較難的問題也就變得容易解決了。

如果你玩過拼圖或者數獨遊戲，應該對這一點深有體會。如果非要堅持把隨手拿起的碎片拼上去，或者一定要先把某個格子裡的數填上，你可能半天也不會有進展。但如果先把能拼的碎片都拼好，把能填的數字都填上，剩下的就不像一開始那麼難了。

所謂的執著精神和知難而上是可敬的，但解決問題要講究方

法。我們常說的那些能幹的人，未必是花費了更多時間的人，反而更可能是能按部就班解決各種問題的人。

**第五，綜合答案。**

在每個小問題都得到解決之後，再把答案綜合起來，看看是否將原來的問題徹底解決了。在笛卡爾所處的時代，這不是一件難事，因為那時的問題還比較簡單，複雜問題常常是簡單問題的疊加。而今天，複雜問題常常來自一個複雜的系統，即使我們把系統每個局部都搞清楚，也不等於能夠通過簡單的拼接還原系統這個整體。因此，我們還需要花大量時間搞清楚每個局部之間的關聯。

打個比方，如果說過去的問題是小孩搭積木，把每個積木放好後，就有一個房子的樣子了；今天的問題則是要蓋一棟真正的房子，磚與磚、鋼筋與鋼筋之間不能只是簡單疊放，而要用水泥把每塊磚黏上，用電焊機把每根鋼筋焊上。

以上的五個要點中，前兩個是原則，是「道」；後三個則是方法，是「術」。把後三個要點結合到一起，其實就是今天做事情最有效的方法，也就是進行科學研究，以及解決大部分複雜問題時，我們常常要用到的模組化方法。模組化方法的核心，就是問題分析、模組實現和模組集成。這種方法還能帶來很多副產品，因為很多模組將來都可以重複使用。在科學研究中，每解決

一個複雜問題都會帶來許多意外驚喜。比如，證明了一道數學難題，常常會同時發現很多新的定理，這些新定理就是那些中間模組。在歷史上，像曼哈頓計畫[1]或阿波羅登月計畫等複雜計畫都催生出了許多新技術。人類在科學革命後獲得了可疊加式的進步，跟作為中間模組的技術能被重複使用有非常大的關係。

在笛卡爾之前，人們並非完全不懂得探求知識、發現新知的方法，但他們做事的方法大多是自發形成的，做事的成與敗完全取決於個人的先天條件、悟性或者特殊機遇。比如，古希臘著名天文學家喜帕恰斯能發現一些別人看不見的星系，一個重要原因是他視力超常；克卜勒發現關於行星運動的三大定律，是因為他從老師那兒繼承了大量寶貴資料；亞里斯多德能成為最早的博物學家，則在很大程度上仰仗於他的學生亞歷山大大帝帶著他到達了世界各地。這些條件常常難以重複，因此，別人能做成的事情，我們未必能做成，甚至是第一次做成了，第二次也未必還能做成。這樣，人類文明進步的速度當然快不了。

在笛卡爾之後，情況就不同了。笛卡爾總結出了完整的科學方法，大家自覺遵循這套方法，別人能做成的事情，我們也能做成；第一次能做成，第二次還能做成。於是，人類文明進步的速

---

1 美國於 1942 年開始的研製原子彈的計畫，稱為曼哈頓計畫。

度就大大提高了。

　　最後來說說笛卡爾這個人。笛卡爾稱得上開創科學時代的祖師爺之一，受到他影響的學科，不僅包括他研究的數學和光學，還包括其他很多自然科學，比如生理學和醫學。可以說，笛卡爾不僅是讓哲學發展轉向的人物，也是科學史上劃時代的人物。笛卡爾對人類貢獻巨大，但他一生低調，為自己選擇的墓誌銘是「善生活者，顧隱其名」（Bene qui latuit, bene vixit）。

**推薦閱讀**

Adrien Baillet，*The Life of Monsieur Descartes*

**附錄：笛卡爾關於「大膽假設、小心求證」的描述**

根據英國哲學教授約翰・卡丁漢等人整理的《笛卡爾文集》（*The Philosophical Writings of Descartes*），笛卡爾寫道：

　　首先，一旦我們認定我們已經正確地感知了某件事，我們就會自發地相信它是真實的。現在，如果這種信念如此堅定，以至於我們不可能有任何理由懷疑我們所確信的東西，那麼我們就不會再進一步探究為什麼了：我們已經懂得了我們想要的一切……因為我們對我們所做出的假設是如此確定，以至於我根本不相信它們會是不對的，而這樣的假設，分明就是最完美的肯定。

這段話表明，笛卡爾反對預先設定一個自以為正確的想法，然後再自說自話地證明自己。笛卡爾還寫道：

很明顯，我（只有）在能夠足夠清晰和敏銳地理解真相時作出判斷，才能保證我做得是對的，並且避免了錯誤。但是，如果我（對結論）不置可否，那說明我沒有很好地使用能動性。

# 充分性推理：
# 凡事有果必有因嗎？

　　笛卡爾總結的方法讓我們能從已知的知識出發，經過理性思考或者實踐發現新的知識；德國哲學家、數學家和邏輯學家萊布尼茲則告訴我們，凡事有果必有因，不存在沒有原因的結果。同時，當一件事發生的所有必要條件都湊足了之後，這件事就一定會發生。

　　人們通常把萊布尼茲看成一位了不起的數學家，因為他和牛頓同時發明了微積分，他還提出了二進位，發明了一種機械電腦。但實際上，萊布尼茲在哲學史上的地位並不亞於他在數學史上的地位。和笛卡爾一樣，他也是歐洲理性主義哲學的代表人物之一。

　　萊布尼茲是一位邏輯極為嚴謹的學者，而且非常喜歡刨根問底，因此他花了很多時間去思考原因和結果之間的關係。他在認識論上最大的貢獻是提出了充足理由律（Principle of Sufficient Reason）。不過，這個名詞聽起來有些拗口，我們把它理解為「充

分性推理原則」就好了。這是今天人們認識世界的主要認知工具之一。比如，今天我們了解了宇宙構成的基本結構、生命構成的基本原理，都是按照充分性推理原則工作的結果。

在介紹充分性推理原則之前，要先講講無條件絕對真理和有條件相對真理之間的區別。

## 無條件絕對真理 vs 有條件相對真理

「真理」這個詞在拉丁語中對應的是 veritas，在英語中對應的是 truth，它不一定是指高大上的結論，其準確的含義是「正確的陳述」。任何陳述句都是可以判斷真偽的，而判斷結果為真的陳述就是真理；相反，判斷結果為假的陳述就不是真理。

比如，我們說「1 + 1 = 2」，這句話為真，因此它就是真理。再比如，我們說「2 + 5 = 3」，這句話為假，因此它就不是真理。

此外，有些陳述的判斷結果在任何條件下都是真的，或者說它們是無條件成立的，這種真理在邏輯上被稱為永真真理（necessary truth），或者說絕對真理。有些陳述則只能在一定條件下成立，在另外一些條件下不成立，這種真理被稱為有條件的真理（contingent truth），或者相對真理。

那麼，什麼是永真真理呢？「1 + 1 = 2」就是一個永真真理，

因為 2 的定義就是如此。當然，有些對數學一知半解的人可能會問，在二進位中，1 + 1 難道不是等於 10 嗎？會這樣問的人顯然是不懂二進位。在二進位中，10 就是 2，這只是寫法上的問題，一個數字的大小並不會因為採用不同的進制或者寫法而改變。不僅在數學上有這樣的永真真理，在生活中，有很多表述也是永真的。比如，我們說「單身人士是不在戀愛或婚姻狀態的人」，這就是一個永真真理。

從上面這兩個永真陳述的例子可以看出，它們的表述其實都是重複的，後半句話其實是在重複前半句話的內容，或者是對前半句話的解釋。因此，這樣的表述也被稱為重言式。你可能會說，這樣的真理有什麼用？這不就是一些重複的話，或者說是定義嗎？的確，它們看上去只是一些重複的語言，但它們確實是真理，因為它們是對的。至於有沒有用，那就是另一回事了。實際上，這些看似重複的話還真能幫我們構建起知識體系。

比如，我們定義了如下內容：

$1 + 1 = 2$，

$1 + 2 = 3$，

$1 + 3 = 4$，

它們都是重言式，看似是廢話，但我們用邏輯這個工具把這三個命題放在一起，就能得到下面這個新的永真命題：

$1 + 1 + 1 + 1 = 4$。

繼而，我們又可以得到一個新的正確結論：$2 + 2 = 4$。

事實上，整個數學體系中加法的成立，就是以這些所謂的廢話為基礎的。

除了重言式和由重言式推導出來的永真真理，其他正確結論都是在一定條件下才能成立的，也就是前面講的相對真理，或者說有條件的真理。自然科學中的真理都屬於這一類。

舉個例子。在中學物理課上，我們都學過一個真理──水燒到攝氏 100 度就會沸騰。這個說法對不對呢？你拿一壺水去燒，然後用一個溫度計測溫度，發現燒到攝氏 100 度，水開了，這就證實了上述結論，因此它是真理。但是，這個真理成立是有條件的。如果是在青藏高原上，水燒到攝氏七八十度就開了，因為那裡氣壓太低。相反，如果是在兩個大氣壓下燒水，水燒到攝氏 100 度也不會開。因此，「水燒到攝氏 100 度就會沸騰」這個真理是相對的、有條件的，而（一個）條件就是氣壓不能太高或者太低，需要是一個大氣壓。

## 充分性推理原則的兩個要點

相對真理有條件的屬性引發了萊布尼茲的兩點思考，下面分

別來看一下。

**第一點思考是，如果條件滿足了，結論就一定能成立嗎？**

不一定。前提條件分為兩種，一種是充分條件，另一種是必要條件。充分條件出現了，結果必然出現。必要條件出現了，結果不一定出現；但如果必要條件不出現，結果一定不會出現。以水燒開為例，就算是在一個大氣壓下，水燒到攝氏 100 度也不一定能開，因為如果水裡有雜質，沸點就會高於攝氏 100 度。因此「一個大氣壓」只能算「水燒到攝氏 100 度就會沸騰」的必要條件。

通常，在看到一些現象或者結果後，我們總是希望找到原因，並且找到導致它必然發生的原因，即充分條件。比如，我們經常會這樣問別人：「我答應這個條件，你就一定能把事情辦成嗎？」這就是想要找到充分條件。但大部分時候，我們只能找到一些必要條件。然後，當我們付出了很高的代價讓那些條件全部俱備之後，卻發現期待的結果並沒有發生，進而感到非常失望。比如，你在單位工作非常努力，達到了職級提升的績效要求，但這次被提拔的人中依然沒有你，你肯定會很鬱悶。

其實，績效達到要求通常只是被提拔的必要條件，而不是充分條件，老闆和同事寫很好的推薦材料可能也是必要條件之一。只有滿足所有必要條件之後，你才有可能被提拔。

　　萊布尼茲講，任何事情的發生都有原因，當我們把所有必要條件都找齊了，就形成了充分條件，結果就一定會發生。為什麼這麼說呢？假如你把必要條件湊齊了，結果還沒有發生，就說明至少還有一個必要條件沒有找到，你其實並沒有湊齊所有必要條件。因此，只要結果沒有發生，你就可以繼續探究原因，然後不斷增加必要條件，直到把所有必要條件湊齊。這就是充分性推理原則。善於在職場上「混」的人，都會事先把晉升的所有必要條件問清楚，並從老闆那裡問清楚自己還有什麼地方做得不夠好。所謂做得不夠好的地方，其實就是還沒有滿足的必要條件。

　　充分性推理原則向我們揭示了探究事物本源的方法。這個探究的過程，是一個不斷證偽[1]先前結論的過程。還是以水燒開為例。當我們找到「水被加熱到攝氏 100 度」，以及「一個大氣壓」這兩個必要條件後，如果發現水沒有燒開，那就說明一定還有我們不知道的原因。比如，把一勺鹽放到一升水中，然後去燒，水沸騰的溫度會超過攝氏 100 攝度。如果燒的是高濃度的糖水，燒到攝氏 110 度，水也不會沸騰。於是，我們又找到了「水燒到攝氏 100 度就會沸騰」的另一個必要條件——水必須是純水。

---

1 如果一個理論或假說在經實證檢驗後，被發現邏輯上與實證檢驗結果存在相牴觸之處，它即是可被證偽的（或可被反駁的）——編者註。

　　在很長時間裡，我們都接受了「在一個大氣壓下，純淨水加熱到攝氏 100 度就會沸騰」的結論，似乎這幾個必要條件湊在一起，就已經構成了讓水沸騰的充分條件。但在有了微波爐之後，人們發現把水裝進杯子裡，然後放進微波爐加熱，即使上述條件都滿足，加熱到攝氏 100 度水也不一定會沸騰。但如果把杯子從微波爐拿出來晃一下，水杯裡的水突然就「炸」了。這說明還缺少一個讓水沸騰的必要條件，而那一晃讓這個必要條件被滿足了。這又證偽了以前的結論。於是，大家繼續找原因。後來人們發現，用壺燒水，水壺裡的溫度是不均勻的，靠近壺底和壺壁的水較熱，中間的水較涼，這就形成了對流。有對流，水燒到攝氏 100 度就會沸騰。與之相對，用微波爐加熱，水內部的溫度是均勻的，不會形成對流，水就暫時不會沸騰。一碰杯子，水一晃，形成了對流，裡面的開水迅速汽化，也就「炸」了。

　　就這樣，通過證偽之前的結論，人們找到一個又一個新的必要條件，形成更準確的充分條件，人類的科學就會不斷往前發展，日積月累，人類的知識總量也就增加了。人類在 17 世紀進入科學時代之後，大部分新知識都是通過這種方式獲得的。

　　**第二點思考是，對原因的原因不斷溯源。**

　　還是用一個物理學的例子來說明。我們上中學時都學過，物質是由分子構成的。這是一個我們都深信不疑的真理，很少有人

會覺得它的成立也需要條件。其實，這個真理的成立還真是有條件的，條件就是分子能夠形成。那麼，分子為什麼能夠形成呢？進一步探究我們就會發現，那是因為構成分子的原子能夠靠化學鍵結合在一起。否則，就無法形成分子。比如，太陽內部溫度過高，原子運動太快，就無法形成分子，此時物質就不是由分子構成的。

　　接下來，我們可以追問：原子為什麼能靠化學鍵結合在一起呢？這就涉及原子的結構了。原子由原子核和電子組成，不同原子可能會共用周邊的電子，這是化學鍵形成的原因。化學鍵就像膠一樣把原子黏在了一起。

　　了解了這個原因，我們還可以繼續追問：原子核是由什麼構成的？最後人們發現，原子核是由帶正電的質子構成的。於是又有了新的疑問：那些相互排斥的質子為什麼能組合在一起形成原子核呢？經過探索和研究，人們發現，原子核內部存在核力，它將質子牢牢地捆在了一起。因此，強核力是形成原子核的原因。

　　就這樣，我們可以對任何一個相對真理一步步溯源，找到最基本的充分條件。於是，人類的知識就能通過充分條件形成一個邏輯鏈。這就是萊布尼茲充分性推理原則的另一個要點。我們所謂的科學研究和社會實踐，其實就是在不斷探索越來越深、越來越基礎的原因。了解了這些原因，我們不僅能知道為什麼我們身

處的世界是這樣的，還能知道一旦很多條件都湊到一起了，接下來會發生什麼。

講到這裡，你可能會有一個問題——這樣不斷追根溯源，會不會到某一個點就探究不下去了？

在數學領域，這個問題比較簡單。數學中的所有結論都是由那些不證自明的公理推導出來的，因此數學上的所有探究都止於公理。

在自然科學領域，情況就複雜多了。這種追根溯源可以是無窮無盡的，因為我們總是可以不斷通過這樣的提問問下去，直到問到沒有人能回答。比如，對於分子和原子的結構，我們可以深入到原子核裡找答案。對於原子核的結構，我們可以往物理學基本模型的方向找答案。再往下，今天人類的了解就非常有限了。繼續往深裡探究，不僅會遇到問不下去的問題，找到的各種必要條件也可能不夠多、不夠充分，以至於我們無法對某些結果給出合理的解釋。比如，在物理學領域，量子力學和廣義相對論就至今都無法統一，因為我們對它們成立的充分條件還不夠了解。即便有一天我們徹底了解了它們成立的充分條件，也可以繼續問那些條件背後的原因又是什麼。

對於這樣不斷的追問，在無法搞清接下來的原因時，很多科學家會把這個問題先放在一邊，引入一個「上帝」的概念，把它

作為一切根源的根源。事實上，萊布尼茲提出充分性推理原則也是為了證明上帝的存在。當然，萊布尼茲說的上帝和《聖經》所說的上帝也不是一回事。萊布尼茲那個時代的哲學家和科學家們希望通過自己的理性找到上帝，而不是被灌輸上帝是什麼樣的。

相比於自然科學，人文學科和社會學科中的現象更難溯因。不管多麼小的社會事件或者歷史事件，發生之後都不會再重複了，不像在科學領域，同樣的實驗可以反復做。因此，我們不僅難以找到充分條件，甚至難以驗證一些必要條件是否真的必要。

比如，對於辛亥革命爆發，學者們至少找到了幾十個原因。當然，不可否認的是，清朝滅亡是因為辛亥革命，辛亥革命的導火索是武昌起義，武昌起義爆發的一個重要原因是四川爆發保路運動，調走了湖北的新軍。但是，四川保路運動的爆發是否就是清朝滅亡的充分條件呢？顯然不是，肯定還要具備很多其他的條件。那麼，這些條件又是什麼呢？另外，四川保路運動的爆發是否算得上清朝覆滅的必要條件呢？對此學者們也有爭議。但很顯然，我們不能認為如果沒有爆發四川保路運動，就不會爆發辛亥革命。

正是因為在人文學科和社會學科的領域，很難像在自然科學領域那樣有可重複驗證的環境，不同學者才會對同一事件得出不同甚至截然相反的結論。我們經常會看到，很多領域都是各派思

想爭論不休。這並不能說明哪一派錯了，只能說明尋找原因很難。也正是因為如此，學術領域才特別需要寬容的環境，讓各派人士都能說出自己的想法。

## 如何使用充分性推理原則

充分性推理原則是每個人都應該主動使用的分析問題的方法。具體來說，到底該怎麼使用呢？

**首先，對於任何結論，我們不僅要看它是否符合事實，還要看它是否符合邏輯，這就是理性。**

很多時候，所謂事實其實是與真實情況有偏差的。比如，一篇報導，只要刪掉 5% 的文字，它就可能會呈現出與之前完全相反的結論。但是，如果我們能追根溯源，從原因出發，利用邏輯推導一下結果，就會發現很多被忽視和遺漏的事實。

舉個例子。經濟學領域有個詞是「克強指數」，它是用耗電量、鐵路貨運量和銀行貸款發放量來加權計算，得到的衡量中國 GDP（國內生產毛額）增長量的一個量化指標。這個指數是怎麼來的呢？ 2007 年，時任遼寧省委書記的李克強在與來訪的美國駐華大使雷德談話時提到，他會用這三個資料來追蹤遼寧省的經濟發展狀況。後來，英國雜誌《經濟學人》受此啟發，提出了這

樣一個計算指標，並以李克強總理的名字命名。具體的公式是：
克強指數＝用電量 ×40％＋鐵路貨運量 ×25％＋中長期貸款餘
額 ×35％。這個指標的計算，其實就體現了純粹理性的邏輯，因
為用電量和製造業水準呈正相關關係；物流產業的總產值占全世
界 GDP 的八分之一左右，和 GDP 也是呈正相關關係；中長期貸
款餘額是資本擴張的體現，而資本擴張的程度和經濟繁榮又是正
相關的。可以說，這三個資料是 GDP 增長背後的主要推動因素。
將它們和其他經濟資料對比，就能發現其他經濟資料可能忽略的
事實。

　　這件事提醒我們，我們總是需要理性思維的。對於所有重要
的結論，我們都需要探究其原因，而不是人云亦云地接受。有很
多人問我，今天各種消息層出不窮，究竟該如何判斷一個消息的
真實性呢？其實，純粹理性原則就是一個很好的判斷工具。

　　**其次，要搞清楚充分條件和必要條件有何區別，也要搞清楚因果關**
**係鏈。**

　　很多人會把必要條件當作充分條件，結果自己預期的事情沒
有發生，就開始抱怨或者不知所措。比如，有人讀書很用功，但
成績一直不好，就會抱怨「我學習這麼用功，怎麼總是考不好？」
其實，用功只是成績好的必要條件，遠不是充分條件。不僅用功
不能保證成績好，就算確實學得很好，也未必就能把考試考好，

．

因為學得好也只是考試成績好的必要條件。

　　萊布尼茲講，把所有必要條件都找到，才能構成充分條件，充分性推理才能成立。很多時候，只是找到一件事的直接原因還不夠，還需要找到原因的原因。比如，有人考試考得不好，把簡單的題都做錯了，於是把原因歸結為粗心。這就是只找到了直接原因。其實粗心本身還有原因，不同人粗心的原因可能有所不同。有人是考試時不夠專注，有人是本來就沒有搞懂那些考點。不找到粗心的原因，下次還會粗心丟分。

　　**最後，我們該如何學習，該讓孩子接受什麼樣的教育？**

　　我常常講，有疑問就該思考、提問。很多人自己看書學習，遇到不懂的問題就跳過去，最後簡單地記住一個結論。這是不可取的。幾乎所有結論的成立都是有條件的，沒有搞懂原因而死記硬背，將來就難免生搬硬套。

　　教育孩子時，很多老師和家長會被孩子的不斷追問搞得不耐煩，於是簡單地說一句「書上就是這麼說的」，或者「別問了，記住這個結論就好」。這種回答，和幾百年前天主教告訴大眾「《聖經》上就是這麼寫的」沒有任何差別。這樣教育孩子，只會打擊他們開動腦筋的天性，抑制他們的創造力。

　　如果孩子養成了不斷追根究柢找原因的思維方式，即便將來不去做科學研究，他也會成為一個有獨立思考能力和判斷力的

人。近代以來，西歐和北歐新教地區在科技發展方面體現出了很強的創造力，這和當地的理性主義傳統是有關係的。像笛卡爾、萊布尼茲和史賓諾沙這幾位理性主義代表人物，都出身於這些地區。相反，在南歐天主教地區對科技發展的貢獻則相對較小，這和當地人習慣於死守教條有很大的關係。總的來說，近代以來的文明進步，和人們充分發揮理性去判斷、去懷疑的思想傳統有直接關係。

今天很多人都希望自己有創造力，也希望把孩子培養得有創造力。我想，培養創造力的第一步，應該就是培養理性思維。

**延伸閱讀**

◆ 英國：羅素，《西方哲學史》。
◆ 英國：瑪麗亞‧羅莎‧安托內薩，《萊布尼茲傳》。

# 理性主義者
# 也會信仰上帝嗎？

　　你可能經常會聽到這樣一些說法：牛頓晚年篤信上帝，花了很多時間研究神學，或者今天很多頂級科學家都相信上帝。這些說法是事實，但很多人講這種話通常不是為了表述事實，而是為了達到其他目的。一種人是想以此來貶低牛頓等科學家。意思是，你看，那些科學家的思想也有歷史局限性。另一種人則相反，是為了抬高宗教的價值。意思是，你看，科學發展到最後都解決不了的問題還得訴諸宗教。

　　這兩種人既不了解歷史，也不了解科學家。一方面，牛頓等科學家並不是到晚年才開始相信上帝的，而是從小就相信，這就如同中國古代的人都要祭拜祖先一樣。因此，刻意強調他們晚年相信上帝，顯然是無視了歷史和西方的文化背景。另一方面，包括牛頓、愛因斯坦在內的很多近代以來的科學家，所信仰的上帝和《聖經》所描繪的具有人的形態和人格的上帝是兩回事。他們不否認上帝的存在，但他們心中的上帝是「世界理性」或「有智

慧的意志」的化身，同時反對宗教的蒙昧主義和神秘主義。這些人通常被稱為自然神論者。事實上，從阿奎那開始，自然神論就成了歐洲知識階層的信仰。除了牛頓和愛因斯坦，對開創化學起到重要作用的卜利士力[1]，哲學家和思想家約翰・洛克、史賓諾沙，以及後來法國大量的啟蒙學者，如伏爾泰、孟德斯鳩、盧梭等人，都是自然神論者。

那麼，這些知識菁英為什麼一定要找一個信仰呢？因為他們和萊布尼茲一樣，相信世界上所有結果都有原因，當他們不斷溯源時，最後總要找到一個「始因」，這個始因就是他們所謂的「上帝」，或者說「造物主」。

在論述被作為規律化身的上帝方面，最有代表性的觀點來自史賓諾沙。說到「史賓諾沙」這個名字，你可能並不陌生。他是大名鼎鼎的荷蘭哲學家，也是理性主義的代表人物之一。不過，很多人知道他，是因為他在哲學課中被貼上了「唯物主義哲學家」的標籤。除此之外，絕大部分中國人對他了解甚少，甚至不清楚「唯物主義」這四個字安在他頭上其實不是很確切。在哲學史上，史賓諾沙最有名的觀點就是他對上帝特殊的認識，或者說，他總結了理性主義者心中的上帝是什麼樣的。

---

1 約瑟夫・卜利士力（Joseph Priestley），英國化學家，發現了氧氣。

要講清楚這個問題，先要講一個哲學和宗教上的概念——transcendence。在中文裡，這個詞被翻譯成「超越」，但從「超越」這兩個字的字面意思，你無法理解 transcendence 的真實含義。因此，我們不妨通過一個例子來說說這個詞究竟意味著什麼。

我小時候養過魚。我把金魚放進一個大魚缸，每天從魚缸頂部撒點食物給它們。過一陣子，我就把它們撈出來，給魚缸換一次水。平時，我會時不時地在魚缸旁邊看它們。

這一切都是由我控制的。對魚來講，它們並不知道食物從哪裡來，只知道時不時地會有食物從天而降。它們也不知道自己什麼時候會被一個網子或者小罐子撈起，在那一段時間，它們會很難受，但過一會兒，它們會覺得自己生活的世界好像乾淨了很多，只不過水溫發生了微小的變化。此外，它們在水裡遊，呼吸著水中不多的氧氣，也不知道氧氣從哪裡來，甚至不知道自己在呼吸氧氣。如果魚缸裡有一個加空氣的小泵，小泵不斷產生氣泡，那裡的氧氣會充裕一些，但魚並不知道氣泵的存在。當然，最重要的是，它們感覺不到我的存在，不知道有一雙眼睛在時不時地看著它們。對這些金魚來講，我的存在就是 transcendence，我就是它們的「上帝」。

從這個例子，你可以體會到「超越」這個詞的三層含義。

第一層含義是超出認知範圍。比如，對魚來講，人的行為就

超出了它們的認知範圍。至於食物從哪裡來，氧氣從哪裡來，水為什麼變清、變冷了，也都超出了它們的認知範圍。

第二層含義是超出我們之外，在不同的維度和時空。比如，魚的世界就是那個魚缸，而人在它們之外，它們是永遠無法觸及的，它們在魚缸裡也無法理解魚缸以外的世界。

第三層含義是指我們作為超越者，創造了一個世界。比如，對魚來講，魚缸裡的一切環境，包括魚缸的位置，水和空氣的循環系統，裡面的假山石和食物，都是我們創造的。

理解了這三層含義，就能理解傳統的一神教是如何用「超越」這個概念來描述上帝的。簡而言之，把魚換成我們，把我們換成上帝就可以了。各種一神教雖然教義有所不同，但都強調以凡人的智力和生活體驗是無法理解上帝的；上帝生活在和我們不同的時空，而我們的世界是上帝創造出來的。今天，雖然一些宗教人士都不否認宇宙大爆炸了，但關於大爆炸的根源，甚至根源的根源，他們依然認為是一種超自然的神秘力量，也就是上帝。

史賓諾沙並沒有明確否認上帝的存在，但他從另一個角度詮釋上帝，其實就是間接地否定了上帝的超越性。史賓諾沙認為，上帝的特性是 immanence。這也是一個哲學和宗教上的概念，在中文裡被翻譯成「內在性」。從「內在性」這三個字上，我們還不能完全了解它的真實含義。其實，它在哲學上的意思是，上帝

無所不在地滲透到我們的物質和精神世界裡。但內在性所描繪的對象依然在我們的世界範圍內,並沒有超越到另一個維度和時空,也不像我們和金魚的關係那樣,後者無法認知前者。史賓諾沙對上帝作了如下描述:

第一,上帝是內在的、固有的、時時刻刻都存在的。雖然我們不一定看得見,但他就在我們中間,並不是在一個高高的周邊空間注視著我們。

第二,世間萬物都有神在裡面滲透著。這個萬物既包括我們看得見的花草魚蟲、宇宙星辰,也包括我們看不見的空氣、電磁波、引力場等,甚至還包括我們的意識和思想。

第三,上帝包括自然的規律(laws of nature),比如數學上的勾股定律、牛頓的力學定律、愛因斯坦的相對論、經濟規律等。

可以看出,史賓諾沙眼中的上帝和傳統宗教中的上帝完全是兩回事,前者更像今天所說的大自然和自然的規律。那麼,史賓諾沙又是如何理解大自然的呢?他認為世間萬物都歸於同一種物質(substance),這種物質不同於山川河流、動植物等我們常說的具體的物質,而是宇宙中實實在在存在的一種狀態。

世間的一切,包括我們說的具體的物質、自然的規律、時間、空間等,都源於這種物質。史賓諾沙還認為,世間萬物的根源只有這一種物質,他用了 monism(單一)這個詞來形容。

　　很顯然，史賓諾沙說的這種單一的物質是無法被證實的。打個比方，它有點像幾何學中的公理，雖然存在，但無法證明。雖然今天的物理學發現，世間所有物質最終都是按照一定規律組織起來的能量，但能量依然有一個從何而來的問題，不能將它等同於史賓諾沙所說的最本源的物質。

　　有了最基本的假設，史賓諾沙又提出了第二個概念──延伸（extension）。最本源的物質在自然界延伸，於是有了各種特性（attribute），有了我們的思維，以及我們通過思維能夠看到、感知到的世界。當然，大自然還有很多特性我們感知不到，那是因為我們的認知水準不夠高。比如，在牛頓之前，我們感知不到萬有引力；在愛因斯坦之前，我們感知不到相對論；在望遠鏡被發明出來之前，我們感知不到木星的衛星；在顯微鏡被發明出來之前，我們感知不到微生物。但是，隨著我們的認知水準不斷提升，我們能感知更多的東西。那麼，什麼人，或者什麼力量能感知到全部的大自然呢？就是史賓諾沙眼中的上帝！

　　從物質的延伸，也就是我們的思維以及我們感知世界的能力出發，史賓諾沙進一步提出，自然的規律具有確定性。比如，我們看到的日月升起又落下、春華秋實、冰雪遇熱融化等現象，都具有確定性，因為那些現象背後有規律可循。我們可以認為，那些規律就是上帝的一部分。而正是因為有確定性可循，我們才有

可能找到那些暗藏的規律。在科學啟蒙時代，牛頓等人的工作都是在這種認知前提下完成的。

當然，你可能會問：史賓諾沙這套哲學思想能證實嗎？它既不能被證實，也不能被證偽，就如同傳統宗教意義上的上帝無法被證實，也無法被證偽一樣。對於這樣的答案，你可能會不滿意，會接著問：既然它不能被證實，也不能被證偽，那我為什麼要相信？其實，一個人相不相信史賓諾沙所說的上帝並不重要，重要的是我們對待規律要像教徒對待上帝一樣虔誠。「信仰」這個詞，顯然包含了「信」和「仰」兩層含義。同樣，對於規律，我們不僅要信，還要仰視它。

用易中天先生的話說，很多人對規律是「信而不仰」。今天覺得客觀規律對自己有利，就相信它；明天覺得它似乎妨礙了自己的意志，就不再信了，隨意違反它。這種實用主義的做法會讓我們時不時碰壁。

史賓諾沙的思想極具理性光輝。他不迷信，否定了一個具有超越性的上帝；但他尊重這個世界的規律，認為世界上有一個在我們身邊發揮作用的上帝。從文藝復興和科學啟蒙時代開始，很多知識菁英都拋棄了對神秘力量的迷信，不斷努力去發現自然規律，這才有了近代以來文明的迅速進步。當然，他們也把自己的工作看成是在破解造物主創造世界的奧秘。對於一時搞不清楚的

事物，他們寧可先存疑，相信這個世界上存在超出我們認知範圍的事物，而不是主觀地瞎解釋。

　　和其他哲學思想一樣，史賓諾沙的哲學也是一種工具，能幫助我們理解這個世界，提醒我們尊重規律。

**延伸閱讀**

◆ 美國：愛因斯坦，《我信仰史賓諾沙的上帝》。許良英等編譯，《愛因斯坦文集》。

# 牛頓如何開啟
# 西方近代社會？

　　20 世紀末，美國著名物理學家麥克・哈特出版了《影響人類歷史進程的 100 名人排行榜》。直到今天，這本書對歷史人物影響力的排序依然被看成是最權威、最公正的。在這個排行榜中，牛頓排在第二位，僅次於伊斯蘭教創始人穆罕默德，緊隨其後的是耶穌、佛陀和孔子。

　　牛頓之所以能夠比肩這些奠定了人類思想基礎的思想家，不只是因為他在科學上的巨大貢獻，更是因為他作為一個思想家，改變了人類的思維方式，以及人類對自然和自我的認知。接下來，我們就拋開牛頓在數學、物理學等科學領域的成就，來看看他在方法論方面對人類的貢獻。

　　**牛頓在認知上的第一個貢獻是讓人們相信自己的能動性，相信世界的規律是可以通過人的能動性認識的。**在牛頓之前，人類對自然的認識還充滿了迷信和恐懼。一些今天在我們看來非常簡單的問題，比如蘋果為什麼會落到地上，日月星辰為什麼會升起又落

下，在當時卻是無法解釋的。人類會迷信，就是因為無法解釋在生活中看到的很多現象，進而把它們歸結於神的作用。事實上，不是神創造了人，而是人創造了神。直到今天，很多人會相信各種陰謀論，也是因為搞不清楚很多事情發生的原因，也懶得搞清楚，當別人告訴他們背後有一種不知道的力量在控制世界時，他們就很容易接受。我把這種現象稱為認知上的無知和被動。

與無知、被動相對應的，是有知識和主動。有了知識，原本覺得很神秘，像隔了層面紗般看不清楚的事情，就不再神秘了。比如，某段時間股市震盪得很厲害，一個對國家經濟狀況無知的人，很容易想到是不是有機構在惡意做空股市，專門想把他這樣的散戶洗一遍，想到這裡就不免恐慌。其實，那種時候機構可能虧得也很多。

與這種人相反，一個有相關知識的人會知道，股市的波動性可能來自通貨膨脹造成的升息壓力，加上那陣子某些地區局勢緊張，帶來了一些不確定性，再加上之前漲得太多，一些機構要鎖定一部分利潤等，股市回檔就不奇怪了。

至於主動，就是遇到未知的情況，會用科學方法去尋找答案。牛頓通過自己在科學上的各種發現告訴人們，任何事情背後都存在規律性（在這一點上，他和萊布尼茲的觀點是一樣的），

而人可以靠理性發現那些規律性。也就是說，人可以通過主動性使用理性，讓未知變成已知。

在牛頓所處的時代，英國湧現出了一大批傑出的科學家，包括物理學家波以耳、顯微鏡的發明者虎克、計算出哈雷彗星運動週期的哈雷等。他們和牛頓一樣，對人能夠認識世界的規律非常有信心，然後每天的工作就是去努力發現這些規律。正是靠著這種主動性，人們才開始擺脫在大自然面前的被動狀態，把未來掌握在自己手中——雖然人類有幾千年的文明史，但整體進入理性時代只是最近三百多年的事。

**牛頓在認知上的第二個貢獻是，他教會了人們如何用純粹理性的方式構建一個知識體系。** 牛頓的《自然哲學的數學原理》（後文簡稱《原理》）和歐幾里得的《幾何原本》都是影響了人類文明進程的著作。

如果對比這兩本書，你會發現它們的結構異常相似，這是因為牛頓完全是仿照《幾何原本》的結構寫作的《原理》。前面講過，《幾何原本》是從幾個簡單的定義和公理出發，用邏輯推導出整個幾何學。《原理》一書，則是先在（類似於）引言的部分給出物理學所涉及的定義，然後給出力學的公理和定律，包括著名的牛頓三大定律。接著，他從這些定義、公理和定律出發，構建起了整個經典力學的大廈。在整本書中，他都是以「引理—定

理—推論[1]」的形式來講述物理學原理的。通過《原理》一書，牛頓告訴人們，純粹理性的推理不僅能解決數學問題，還能解決各種自然科學的問題。自牛頓以後，科學家們用數學和邏輯重構了自然科學，這才讓自然科學變成邏輯自洽、十分嚴謹的知識體系。

**牛頓在認知上的第三個貢獻是，他告訴人們要動態地看待世界和規律，要看整個過程，而不單單是看狀態。**這體現在他的微積分思想中。比如，在牛頓之前，人們會說「速度快」或者「速度慢」，但沒有人能搞清楚速度從慢到快的變化過程。牛頓發明了微積分這個工具，用它可以動態地描述運動變化的全過程。再比如，你可能知道存在一個飛輪效應，就是說飛輪在剛開始受力時轉得很慢，但後來會越轉越快。很多人常常用它來教育大家要堅持長期主義，不能光看結果，要注重過程。但為什麼會有飛輪效應呢？牛頓發明的積分，就很好地解釋了加速度的累積如何導致速度的增加。

**牛頓在認知上的第四個貢獻是，他詮釋了簡單性原則。**簡單性原則通常被稱為奧卡姆剃刀原理，這個名稱來自英國 14 世紀聖方

---

1 引理、定理和推論都是科學上的命題，或者說結論，但它們之間有所不同。定理是構成一個知識體系不可少的、重要的結論，它們搭建起一個知識體系的支架。引理是一些簡單的結論，它們的意義不在於本身，而在於為得到定理做貢獻。推論是定理在特定場合下的延伸，它們通常用來解決具體的問題。

濟各會修士和神學家奧卡姆的威廉。奧卡姆的原話是，「如無必要，切勿假定繁多」。在歷史上，亞里斯多德和聖托馬斯‧阿奎那等人都表達過類似的思想，但奧卡姆剃刀原理真正廣泛流傳開，得益於牛頓對它的詮釋。

牛頓是這樣說的：

> 我們需要承認，自然事物各種現象的真實而有效的原因，除了它自身以外再無須其他，所以，對於同樣的自然現象，我們必須盡可能地歸於同一原因。

牛頓的這種認識論，把人類從繁瑣的哲學中領了出來。從此，簡單性原理被認為是科學領域的鐵律。不僅牛頓自己發現的物理學定律和數學微積分的定理都可以用非常簡單的公式描述出來。在牛頓之後，焦耳通過一個簡單的公式描述了能量守恆原理，馬克士威通過幾個簡單的方程式描述了我們看不見、摸不著的電磁世界。

到了近代，愛因斯坦只用幾個公式就構建出了龐大的物理學新體系；詹姆士‧華生和弗朗西斯‧克里克則發現遺傳載體 DNA（去氧核糖核酸）只是由四種鹼基構成的簡單雙螺旋結構。如果我們為一個簡單的問題搞出一套非常複雜的理論，那很可能是我們走錯了方向。

　　牛頓的這些思想，後來被概括為認識論中的機械論[1]，或者說機械思維。雖然今天說某個人思維太機械帶有貶義色彩，但在人類的認知發展過程中，機械論具有劃時代的意義。具體來說，機械論有以下三個核心思想：

　　**第一，任何事物的變化都是有規律的，而且可以用一些形式上非常簡單的文字或者公式描述清楚，這其實就是前面講到的簡單性原則。**

　　**第二，這些規律是確定的，在任何符合條件的地方使用，都可以得到正確的結論。這也被稱為確定性原則。**

　　確定性原則很重要，是保證我們能獲得可重複成功的基礎。實際上，在科學革命之前，人們覺得除了宗教的教義，其他沒有什麼是確定的，玄學、神秘主義和不可知論盛行。直到今天，依然有很多人相信玄學或者神秘主義。雖然世界上的知識體系千千萬，但真正確定的、能夠不斷驗證的知識，都是通過科學方法產生出來的。從科學時代起，那些主觀捏造的、無法被證實和證偽的、不具有普遍意義的內容，都被科學剔除了。

　　**第三，這些規律是有預見性的，能夠預測尚未發生的事情，或者尚未被觀察到的現象。**

　　這一點很重要。我們之所以願意花時間學習，就是希望所學

---

1 「機械論」這個詞是由與牛頓同時代的英國物理學家波以耳發明的。

的知識具有預見性，能幫我們解決之前沒有遇到過的情況。舉個
例子。利用牛頓提出的原理，大科學家哈雷計算出了一顆彗星圍
繞太陽運轉的週期，即每 75 ～ 76 年造訪地球一次。雖然哈雷沒
有等到那顆彗星再回來的那一天，但那顆彗星後來的確在他所預
言的時間回來了，於是人們用他的名字把那顆彗星命名為「哈雷
彗星」。後人利用牛頓的理論，還能精確預測出上千年後日蝕和
月蝕等天文現象的時間，這在過去是無法想像的。

　　相比於認識世界，改變世界對人類來講可能更有現實意義，
而這就要用到規律的預見性了。在牛頓之前，科學和技術是完全
不同的兩件事。研究科學的人不關心如何改進技術，改進技術的
工匠則要通過長時間的經驗累積，甚至是幾代人的經驗累積，才
能將技術改進一點點。在牛頓之後，科學和技術開始融合，科學
的結論可以指導技術的改進，而牛頓自己就是這方面的踐行者。
比如，他利用自己發現的光學知識發明了反射式望遠鏡，避免了
折射式望遠鏡清晰度差的問題。今天世界上最大的太空望遠鏡詹
姆士・韋伯太空望遠鏡用的就是牛頓望遠鏡的原理。事實上，牛
頓之所以能當選為英國皇家學會會員，也是因為發明了這種新的
望遠鏡。

　　從牛頓所處的時代開始，科學和技術緊密結合在一起，自此
才有了「科技」這個詞。今天，絕大部分人並不作科學研究，卻

需要學習基礎科學知識，這也是因為科學的預見性。在歷史上，瓦特就深受《原理》一書影響。正是依靠書中理論的預見性，他發明了蒸汽機，而這開啟了工業革命。可以說，牛頓和後來瓦特的成就標誌著理性主義的勝利。

在西方人看來，牛頓不僅開創了科學的時代、理性的時代，還開啟了西方近代社會，對他如何盛讚都不為過。對我們來講，對理性堅定的信念是不斷成功的關鍵。

不過，理性是否是萬能的？如果 100 年前問這個問題，得到的答案會是肯定的，因為當時的人對近代文明的成就堅信不移。但是，100 年前發生的一些事情，同樣讓人們意識到理性也是有局限性的。

**延伸閱讀**

◆ 荷蘭：史賓諾沙，《倫理學》。
◆ 英國：牛頓，《自然哲學的數學原理》。

# 為什麼理性主義
# 不是萬能的？

牛頓等人的科學成就，讓理性主義的思想在歐洲得以確立。人們開始相信，理性主義可以解決一切問題。這種想法一直持續到 20 世紀初。今天我們知道，再好的理論也是有局限性的，理性主義也不例外。理性主義的一個重要基礎，是萊布尼茲的充分性推理原則，但這個原則是有局限性的。

## 局限 1：無法證明自己的正確性

充分性推理原則是能夠運用理性獲得新知的前提條件，因為人們需要不斷追根究底，建立原因和結果之間的邏輯關係鏈，只有這樣才能不斷發現真理。但是，這個原理本身的正確性該如何保證呢？換句話說，我們顯然無法用這個原理證明它自己的正確性。這便是批評者對萊布尼茲理論提出的最大挑戰。

當然，你可能會覺得這是抬槓。但是，邏輯學家和哲學家對

萊布尼茲的要求可比對普通人的要求嚴格得多。他們認為，既然萊布尼茲希望通過邏輯構建出一套純粹理性的認知體系，那它就應該是自洽的，同時還要能演繹出所有結論為真的命題，也就是要具有完備性。所謂自洽，就是指結論之間不矛盾；所謂完備，就是指所有正確結論都能被推導出來。萊布尼茲的充分性推理原則顯然沒有滿足這兩個要求。

不過，這件事不能怪萊布尼茲，因為沒有人能做到。在 20 世紀之前，人們在認識論方面對理性主義也沒有太多的懷疑。雖然在 19 世紀末，尼采等人已經開始擔心靠理性和科學建立起來的現代社會是否陷入了發展的死胡同，但那只是在哲學上對社會發展本身的質疑。但進入 20 世紀，人類在數學和物理學上的成就反而讓理性主義的缺陷凸顯出來了。

在數學領域，偉大的數學家哥德爾提出了哥德爾不完備定理，並且嚴格地證明了它。這個定理的大意是，絕大部分公理系統不可能既是自洽的，又是完備的。這個發現不僅打碎了著名數學家希爾伯特希望通過純粹的邏輯建立一個大一統的數學體系的構想，還揭示了任何知識體系自身都固有的問題，就是自己無法證明自己的正確性。

在物理學領域，量子力學的研究成果表明，很多物理現象並不存在因果關係，而不確定性也是世界的天然屬性。1927 年，

海森堡提出了測不準原理，表明在微觀世界存在很多不確定性。
或者說，我們觀察到的客觀現象受到我們的主觀影響，並不是純
粹客觀的。在此之前，人們相信有完全不依賴於主觀而存在的客
觀。1935 年，薛丁格提出了一個思想實驗，後來該實驗被稱為薛
丁格的貓。薛丁格設想，把一隻貓和一個裝有劇毒氣體的瓶子一
起放進一個封閉的環境，瓶子中至少有一個原子隨時可能會發生
核衰變事件，進而打碎瓶子，導致這隻貓死亡。照理講，貓是死
是活是客觀事實，和人無關。但是，由於核衰變發生完全是隨機
事件，在打開盒子進行觀察前，人們無法判斷貓的生死。因此可
以說，是人的觀察決定了貓的生死。量子力學被提出來之後，人
們才認識到，同樣的因，有可能得到不同的結果，在微觀的世界
裡，並不存在簡單的因果關係。

　　回顧一下前面的內容會發現，理性主義被奉為圭臬的歷史原
因就在於世界的確定性，以及凡事有果必有因、有因必有果的狀
態。比如，在牛頓和萊布尼茲所處的時代，一旦人們找到了行星
和彗星圍繞太陽旋轉的原因，那麼它們今年這麼轉，明年還是這
麼轉；哈雷彗星離開了，76 年後還會再回來。在生活中，人們之
所以會相信某個輔導老師能幫自家孩子提高成績，某個足球教練
能帶隊出線，某個醫生能把疑難雜症治好，就是因為相信確定性
和因果關係的存在。反之，如果告訴大家好的輔導老師和學生取

得好成績不存在因果關係，結果都是隨機的，很多家長肯定就不會花錢請他們了。同理，人們也就不會特意花錢請某位教練或者找某位醫生了。20世紀物理學的發展，就讓人們幾個世紀以來一直堅信不移的理性主義的基礎受到了挑戰。

除了物理學的發展，給確定性帶來挑戰的另一個原因是，人們發現當把簡單的問題都解決了，要解決複雜問題時，那個問題所依賴的必要條件太多了，以至於無法把它們都找到，即使能找到，也沒有能力都搞清楚。比如，美國各種經濟指標有上萬個，它們都會影響股市的表現，但我們無法把各個指標和股市的關係都研究清楚。在這種情況下，股市看上去就是隨機的。今天，很多人總是試圖從單純理性的角度去理解、預測市場，這種做法是徒勞的。我們必須承認，市場的隨機性會導致充分性推理原則失效，這裡不是使用它的地方。

上述事實即便沒有完全動搖理性主義的基礎，至少也告訴人們，在這個世界上，光靠理性主義是不夠的。

## 局限 2：理性的預見性是有限的

除了無法自己證明自己，充分性推理原則還有一個局限性，就是它無法推測不存在的或者尚未發生的結果，更不可能知道沒

有發生的條件如果真的發生了會產生什麼結果。

舉個例子。直到 20 世紀初,世界各國的牧民都認定草原上的狼是羊群最大的威脅,住在森林周圍的人則認為狼會威脅到人的安全。因此,在過去的上千年裡,人們一直在圍捕野生的狼。20 世紀,由於捕獵手段提高,野生的狼幾乎滅絕了。然而,狼數量的銳減導致了嚴重的生態問題。一方面,草原上的野兔因為沒了天敵而大量繁殖(野兔的繁殖力極強),牠們不僅和羊爭奪食物,還引起了草原植被退化。另一方面,森林裡的各種鹿也因為沒了天敵而大量繁殖,它們吃掉了大量的樹葉,讓森林裡的生態迅速失衡。

在狼群真的消失之前,很多結果在歷史上並沒有發生過,因而人們就不可能建立起「狼群消失」與「生態惡化」之間的因果關係。

再來看一個例子。20 世紀 70 年代,美國南方一些漁民一直為水產養殖場裡的水草發愁。後來,他們得知中國的鯉魚可以吃掉水草,又經過專家嚴格的論證,認為不會有什麼副作用,就引進了中國鯉魚[1]。一開始確實很有效,這些鯉魚吃掉了養殖場裡

---

1 美國引進的中國鯉魚其實包括胖頭魚、草魚、鯉魚和鯽魚,美國將這些統稱為亞洲鯉魚(Asian Carp)。

的水草，沒人發現有什麼問題，直到有少量鯉魚溜進了密西西比河。魚類的繁殖能力遠比兔子強，中國鯉魚在美洲又沒有天敵，進入了天然河流後，它們就開始大量繁殖，並且沿著密西西比河逆流而上。它們食量巨大，導致本土魚類因為無法獲得食物而數量銳減；同時，它們吃掉大量水草（鯉魚一天可以吃掉自身重量40% 的水草），降低了水的品質，導致貽貝等貝類死亡。由於密西西比河支流眾多，流經美國 31 個州，覆蓋近 40% 的國土，因而整個美國的水域生態都受到了嚴重的破壞，美國的淡水漁業也受到很大的危害。現在，美國能做的就是設置障礙使它們不要進入五大湖區，否則必將危害整個北美洲的水域生態。

如果說，捕獵野狼的行為還是牧民欠考慮，那美國在引進鯉魚之前可是經過了一番理性論證的。之所以專家和牧民同樣會產生嚴重的誤判，是因為單靠理性，無法從未發生的事情出發推導出所有可能的結果。

很多人經常會忽略理性主義的這個漏洞，並且陷入這種思維誤區。比如，你可能聽人這樣講過：我當初高考就是少考了兩分，就差這兩分我才沒考上北大，否則今天我也能如何如何。這個人今天混得不如意的原因可能有很多，只歸結到「沒考上北大」這一件事上顯然是不合理的。即便考上了北大，他今天也未必能過得好多少。再比如，還有人會這樣想：高考那天，就是因為早上

父母讓我多吃點，結果我吃得太飽，考試時血液都供給到胃了，大腦缺血，反應慢，少考了兩分。當然，也有人會反過來想：就是因為聽別人說考試前不能多吃，我才吃少了，結果考到一半就餓了，頭暈，最後沒考好。顯然，上述兩種想法是矛盾的。而他們之所以會這麼想，歸根結底，是因為他們把結果建立在沒有發生或者毫無意義的假設上。

我常講「成功才是成功之母，失敗不一定是成功之母」，也是這個道理。如果一個人從來沒有成功過，成功這件事對他來講就是未知的。至於成功需要什麼條件，他當然無從知曉。他做了 A 這件事，導致了失敗，他無法推斷出不做 A 是否能成功，或者做了 A，還需要做什麼其他的事才能保證成功。

我們為什麼要學習，特別是要跟著老師或者有經驗的同事學習？因為在他們的帶領下成功幾次，我們就知道成功是怎麼回事，就知道成功需要哪些必要條件了。相反，如果一個人悶頭琢磨，每次失敗都可能是不同的失敗結果，但這些結果和成功都沒有關係。繼續盲目試錯，曚對的可能性近乎為零。

托爾斯泰講，「幸福的家庭都是相似的，不幸的家庭各有各的不幸」，道理也差不多。幸福的家庭都具備幸福所需的必要條件，而不幸的家庭所缺失的可能不盡相同，補上一個缺陷，也未必能找到導致不幸的真正原因。也是出於類似的原因，歷史研究

者不會去研究不存在的歷史事件。當然，很多歷史愛好者會暢想那些不存在的結果，但那種暢想其實都是毫無意義的。

充分性推理原則的這個局限性，也是很多精心準備的計畫在實施過程中失效的根本原因——我們無法通過理性預測那些根本沒有見過的事情。很多人都問過我一個問題：有了大數據，是不是就可以準確預測未來了？其實，大數據是對過往發生過的事情的總結，對於沒發生過的事情，大數據是不知道該如何應對的。

## 如何彌補充分性推理原則的缺陷

彌補充分性推理原則缺陷的方法，恰恰來自理性主義者不太看得上的經驗主義，特別是在找不到因果關係鏈時，經驗主義可以根據大量經驗找到一種在大部分情況下行之有效的方法。了解充分性推理原則的局限性，不是讓人放棄它，而是讓人懂得如何更好地使用它，懂得什麼時候要利用理性主義，什麼時候不能用。

**首先，絕大部分時候，根據理性得到的結論是有用的；在少數例外情況下，則要使用經驗主義的方法來解決問題。**

比如，你每天上班通勤時間是一個小時，通常再多留一個小時的充裕時間就足夠了。這就是你給自己設定的一個規則。如果不遵守，就無法保證準時到單位。但如果遇到特殊情況，比如早

上大霧或者下大雨，原來的規則就不管用了。這時，你當然可以增加一些規則來解決相應的問題。但如果任何情況都要對應一個規則，成本就太高了——記住，它們是一種負擔。相反，這時比較有效的辦法其實是依靠經驗。很多時候，你感覺可能會塞車，因此早出門了十分鐘，你甚至說不出為什麼，只是經驗告訴你該如此。還有些時候，路上塞車，你會根據經驗繞路，使自己不至於遲到太長時間。而第一次走那條路線的人，就不會有繞路的經驗。即使按照 GPS（全球定位系統）的提示走，他們走的也未必是最快的路線。這是缺乏經驗所致，不是理性不足所致。我們在做日常很多事情時，無法事先把所有規則都設定好，而是要採用經驗主義的方法。

再比如，在投資這方面，專業的投資人都會遵守一些簡單的規則，這些規則反映的是經濟活動和投資之間的因果關係。但在一些波動很大的異常情況下，固定的規則就不適用了，這時就要靠經驗。類似地，在大陸法系的法律中，每個法律條文都是經過專家、學者的理性思考制定出來的，它們數量有限，但可以覆蓋大部分情況。對於少數法律條文中沒有寫明的情況，則要通過對相關法律條文作出新的解釋來覆蓋，而作出新的解釋依據的其實就是司法機關的經驗，而非規則。

其次，萊布尼茲的充分性推理原則幫助我們全面了解因果關

係。「凡事有果必有因」，這句話幾乎每個人都知道，但只有很少人會在做事情時想到這句話。大多數人都是在做事失敗後才說，「哦，還有這個因素沒有考慮到！」這說明他們事先沒有把會導致結果發生的原因考慮全，或者說他們考慮的只是一些必要條件，而必要條件並不能保證結果一定發生，只有把所有充分條件湊齊了，才有可能得到想要的結果。

如果把充分性推理原則倒過來看，不僅凡事有果必有因，有因也必會有果。很多事情，做了之後不僅會產生我們預想的結果，還會產生很多我們想不到的、不想要的後果。所以，在每做一件事之前，我們要盡可能地把結果，特別是那些不好的後果考慮周全。人們通常會對好的可能性有過高的預期，對壞的可能性則有較低的預期，甚至視而不見，這是非常危險的事情。

**延伸閱讀**

◆ 陳亞軍，《超越經驗主義與理性主義》。

# ╱ 結 語 ╱

　　人類的文明進步從近代開始突然加速，真正改變我們生活的大事情，比如科學革命、工業革命、推翻專制制度、擺脫神權控制，都發生在近代。這和人的認知水準提高有很大的關係。一方面，人類變得理性起來，懂得用理性主義方法論來探索未知的問題，並且系統性地解決各種問題。另一方面，人類也開始懂得如何有效地獲取經驗，過濾掉經驗中的噪音，從經驗中總結出有規律性的結論。

　　今天，我們面對的世界和近代先賢們生活的時代很不相同。不過，當時先賢們總結出的各種方法論至今依然有效。很多人已經把這些方法論作為常識，每時每刻都在自覺地應用。在他人看來，這些人不僅做事效率高，而且成功率很高，值得信賴。但同時，也有很多人依然對方法論缺乏了解，依然處在自己努力摸索方法的階段。

　　其實，既然前人已經為我們總結了方法，之後又被驗證了幾百年，我們不妨先花點時間把它們學好、用好──這是最有效的進步方式。

第 $3$ 章
經驗主義的知識累積

# 經驗的力量：
# 知識與實踐的橋樑

知識是感受和經驗的累積，
經驗主義通為探索真理指明了一條正確的道路

　　經驗主義和理性主義就如同一張紙的兩面，它們總是相互伴隨的。在古希臘，既有開創理性主義的畢達哥拉斯，也有開創經驗主義的希波克拉底，而他們前後只相差了幾十年。隨後，在哲學領域，既有宣導理性主義的蘇格拉底和柏拉圖，也有宣導經驗主義的亞里斯多德。到了近代，在歐洲，這兩種看似對立的認識論又都出現了有代表性的哲學家。

　　正如世界上不可能存在只有正面沒有反面的紙一樣，我們也不應該只接受經驗主義和理性主義之中的一種思維方式而忽略另一種。事實上，即便是理性主義的代表人物笛卡爾，也不否認經驗的作用；即便是傾向於經驗主義的亞里斯多德，也強調理性在獲得知識方面的作用。因此，我們有必要同時了解這兩種不同卻又互相關聯的認知工具。

# 經驗
# 靠得住嗎？

　　說到經驗主義，人們常常搞混兩個概念——「經驗」和「經驗主義方法論」。實際上，這兩個概念有聯繫，但絕不是一回事。

　　人們通過經驗獲得知識、把事情做得更好的行為，可以追溯到遠古時期，但靠經驗做事不等於抽象出了經驗主義的方法，更不等於掌握了經驗主義的方法論。靠經驗做事情是一種被動的行為，幾乎每個人都會。比如，一個年輕人跟著父親掌握了種田的技巧，然後就會種田了。但這種行為只是在重複過去別人做過的事，不僅沒有進步，甚至可能有所退步。比如，今天我們常說古代的某項工藝失傳了，這就是經驗的退步。跟「經驗」不同，「經驗主義」是一種通過經驗獲得新知的方法論。掌握這種方法論並主動應用，就能把事情做得更好。

　　在古希臘早期理性主義誕生的同時，被後人稱為經驗主義的方法論也出現了。最初，「經驗」（empircial）這個詞特指某些古希臘醫生的做事方法，他們拒絕遵守當時的教條理論，更願意

依賴對經驗中所感知的現象的觀察。其中的代表人物是希波克拉底。希波克拉底一派（也被稱為希波克拉底學派）的醫生著重觀察記錄。他們要求醫生詳實記錄療程中的發現及用過的治療方法，然後將這些記錄留給後人，作為其他醫師的參考。希波克拉底本人則認真而完整地記錄了各種疾病的症狀，比如病人的氣色、脈搏、體溫（發熱）、疼痛以及排泄情況，甚至了解、記錄了患者的家庭環境和家族病史。為了確保患者對症狀的描述是準確的，希波克拉底每次看病都要給患者量脈搏、做檢查，然後將檢查結果和患者的描述相互印證。根據《醫學史》（*History of Medicine*）一書的記載，對希波克拉底而言，先有臨床檢測和醫學實踐，然後才有醫學。因此，西方人更傾向於稱希波克拉底為「臨床醫學之父」，而非廣義的「醫學之父」。

後來的經驗主義指的是哲學中的一種知識理論，它堅持知識來自經驗和根據自己所見所聞蒐集的證據的原則。古希臘哲學家中，最強調通過經驗獲得知識的人是亞里斯多德。他認為，我們的世界是真實的、可觸碰的，因此要通過觀察和親身體驗來了解我們的世界。而在他之前，柏拉圖一直強調理性對認知的作用，他並不重視經驗。亞里斯多德的認識論為人類探索真理指明了一條正確的道路。

古羅馬人對數學這種需要抽象思維的學科不是很重視，他們

更看重經驗，因此他們對需要經驗的工程學有很多貢獻。在古羅馬，主動採用經驗主義認知論總結知識的人是被稱為醫聖的蓋倫。他通過解剖動物和觀察死去的角鬥士[1]來熟悉人體的結構。他最著名的實驗是通過解剖活豬發現了動物的聲帶，以及發聲的原理。蓋倫對自己的行醫過程進行了詳細的記錄，然後總結出了對各種不同疾病的治療方法。雖然蓋倫絕大部分手稿已經遺失了，但今天保存下來的依然有足足 300 萬字。19 世紀初，德國將他的著作整理出版，全套著作足足有兩萬頁，厚厚的 22 本，僅索引就有 676 頁。

不過，亞里斯多德構建的宇宙模型錯得一塌糊塗，蓋倫的醫學理論也有很多錯誤。當然，這也不能怪他們，因為人的感覺很有可能是錯的。比如，看一下圖 3-1，你是否會覺得中間的細條右邊顏色比左邊深？其實它左右顏色的深淺是相同的，只是不同灰度的背景誤導了我們的眼睛。不僅人的感受如此，人的經驗可能也靠不住。比如，亞里斯多德看到樹葉落地比石頭掉下來的速度慢，就很自然地想到重的物體下落速度更快。蓋倫不斷看到受傷的人流血，就很自然地想到血是從心臟流向四肢的。這兩個結論顯然都是錯誤的。

---

1 古羅馬不允許解剖人的屍體。

圖 3-1 不同灰度背景色下的顏色變化

不僅個人的感受和經驗可能是錯的，大家共同的感受和經驗也可能不可靠。比如，在伽利略之前，絕大部分人都相信太陽在圍繞地球運動，甚至相信所有星體都在圍繞地球運動。因為，他們感覺不到地球在運動，而且看到了太陽、月亮和星辰升起又落下。從這個結論進一步推理，就能得出地球是宇宙中心的結論。而且，對於人們觀察到的其他現象，也能用上述錯誤結論來解釋。比如，為什麼向上扔一塊石頭，它還會落到地上？因為地球是宇宙的中心，所有東西都有向心力，自然會落回到地球上。事實上，直到牛頓提出萬有引力的思想後，這種錯誤的宇宙觀才被徹底糾正。

在亞里斯多德之前，柏拉圖之所以要忽視經驗的意義，不是

因為他不知道經驗有用，而是因為他覺得經驗靠不住。柏拉圖認為，只有理性的思考和討論才能糾正觀察的偏差，讓人得到正確的結論。事實上，亞里斯多德並不反對這一點。在強調經驗的重要性的同時，他也強調邏輯推理對於獲得知識的重要性，並且可以算是邏輯學的開山鼻祖。不過，在亞里斯多德之後，經驗主義的方法論沒有得到什麼發展，反倒是柏拉圖的理性主義哲學有很多繼承人，並且發展成了新柏拉圖主義。

羅馬帝國後期，生活在亞歷山大城的普羅提諾把柏拉圖、亞里斯多德和斯多葛學派的哲學思想融合到一起，形成了新柏拉圖主義學派。普羅提諾認為，世界分為三部分，分別是太一（the One）、精神和物質。太一和中國道教中「道」有相似之處，它是世間萬物的根源。新柏拉圖主義認為，太一是至高至善的、永恆的、不變的，它既包括一切存在的事物，也是它們的原因。他們人為地發明出一個「太一」的概念，既調和了柏拉圖和亞里斯多德在世界本源上的矛盾，又為世間萬物找到了一個邏輯上合理的根源。到西元 4 世紀前後，奧古斯丁利用新柏拉圖主義為基督教找到了哲學基礎。普羅提諾所說的「太一」，就被奧古斯丁解釋為「上帝」。

在歐洲漫長的中世紀，哲學方法論幾乎沒有什麼發展。雖然很多教士試圖破解上帝創造世界的奧秘，並不斷做實驗，希望用

經驗來驗證各種假設和結論，但沒有人能提出一套經驗主義的方法論。後來，基督教在歐洲思想領域占據了主導地位，亞里斯多德的哲學和科學便被放到一邊了。

到了 12 世紀，阿拉伯世界出了一位了不起的哲學家伊本·魯世德。因為啟發了歐洲後來的思想家，他也被稱作「西歐世俗思想之父」。和亞里斯多德一樣，魯世德也是一位全能型學者。他反對當時在伊斯蘭世界和歐洲普遍存在的將一切歸於神的思想，提出事物的存在決定了事物的本質，而我們的世界自有其運動變化的規律。他的哲學觀點和新柏拉圖主義完全相反，和亞里斯多德的很相近。魯世德從研究事物的表象開始去了解它們的本質。而且，他的理論在邏輯上非常自洽。那些把一切原因都歸結為神的神學家試圖駁倒他，但就是做不到，因為人們很容易驗證他說的是對的。順便說一句，魯世德對亞里斯多德的著作進行了系統的整理並且做了注釋，這對那些在歐洲已經失傳的著作後來被傳回歐洲起到了關鍵性的作用。

實際上，魯世德是用基於經驗的自然哲學（即後來的自然科學）挑戰了一神教（包括猶太教、基督教和伊斯蘭教）的哲學基礎。雖然他強調神學和哲學並不矛盾，但伊斯蘭教的神學家都排斥他，因此他在伊斯蘭教世界的影響力遠不如在西方歷史上的影響力大。而真正解決魯世德留下的難題，也就是將神學和自然科

學統一起來的，是另一位全能型學者——托馬斯·阿奎那。阿奎那對近代科學的發展產生了非常大的影響，甚至可以說，中世紀後能產生自然科學，在很大程度上是阿奎那的功勞。

1225 年，阿奎那出生在義大利一個非常顯赫的貴族家庭。他的母親來自神聖羅馬帝國的霍亨斯陶芬家族[1]，他還有另一個身分，就是當時神聖羅馬帝國皇帝腓特烈二世的表哥。雖然父輩都希望他繼承家業、成為貴族，但他對政治毫無興趣，反倒是對知識充滿了渴望。阿奎那從小進入進修院學習，16 歲到拿坡里腓特烈二世大學學習，這期間，他出乎意料地加入了天主教的道明會。這讓他的父輩感到不悅，於是家裡人逼迫他改變志向，但想盡辦法都沒有成功。根據最早的有關阿奎那的傳記記載，他的家人甚至安排過娼妓去誘惑他，但他不為所動。最後在教宗的干預下，家裡人才同意他當修士。

阿奎那極為聰明，老師們看他實在太聰明了，就送他到當時德意志最有知識的學者大阿爾伯特那裡學習哲學和神學。1245年，他跟隨大阿爾伯特去巴黎大學學習了三年。在這期間，阿奎那也被捲入了大學與天主教修士之間有關學術自由的糾紛。阿奎

1 霍亨斯陶芬家族是神聖羅馬帝國 1138 ～ 1254 年的統治家族，該家族一共出了三位到羅馬加冕的皇帝。此外，該家族還出了兩位德意志國王。

那被推選為教士一方的辯論者，和當時知名的大學校長聖阿穆爾辯論並且獲勝。這件事讓他在學術界獲得了聲譽。三年後，他回到科隆大學擔任講師，開始研究亞里斯多德的哲學方法論。講課和傳道之餘，他創作了中世紀最重要的著作——《神學大全》。

《神學大全》是一部人類當時已知知識的百科全書。它有點像亞里斯多德的著作全集，規模極為宏大，即便用今天較小字型大小的字印刷，也有厚厚的三十多本，上萬頁。阿奎那寫這套書，是想從根本上解決奧古斯丁和魯世德思想中的矛盾之處，或者說解決柏拉圖主義和亞里斯多德主義的矛盾之處。在這套書中，阿奎那幾乎完全接受了亞里斯多德主義在哲學和自然科學中的觀點，並且把它們納入神學研究的範圍。一方面，阿奎那不否認上帝的存在，認為是上帝創造了規律；另一方面，他又認為，一旦有了規律，上帝實際上就退出了，而人類天生便有能力了解規律，這種能力就是理性。在方法論上，阿奎那繼承了亞里斯多德從經驗出發總結知識的方法。他喜歡引用古希臘人的一句格言——「凡是在理智中的，無不先在感性之中。」也就是說，感性或者經驗能夠發現理性，而科學研究做的就是這種事情。

阿奎那的這種觀點後來被稱為自然神論，科學啟蒙時代的學者，比如牛頓、萊布尼茲、伏爾泰、孟德斯鳩等人都是這種思想的繼承者。阿奎那的思想在一定程度上受到了魯世德的啟發，他

對這位前輩非常尊敬，不稱其名而是稱其為「注釋者」以示尊敬，因為魯世德注釋了亞里斯多德等人的著作。

　　無論是在基督教內，還是在西方哲學史上，阿奎那的影響力都非常大，甚至有人認為他在西方哲學史上的地位僅次於亞里斯多德，排在第二位。在死後的半個世紀，阿奎那被基督教封為聖人，他的著作也被奉為基督教的金科玉律。由於他將自然科學納入了神學研究的範圍，因而從客觀上保護了自然科學的研究。不過，也正是因為他幾乎無條件地接受了亞里斯多德關於自然科學的思想，而亞里斯多德在這方面的很多結論又都是錯誤的，所以這些錯誤結論成了基督教在好幾個世紀一直堅持的教條。比如，在伽利略所處的時代，人們普遍認為重的物體要比輕的物體落地速度快，就是因為亞里斯多德說過這句話，而當時整個歐洲教會都認可他的結論。

　　一般認為，阿奎那同時是近代理性主義和經驗主義哲學家的啟蒙者。一方面，他強調人的理性可以認識神創造世界的規律，而神學的最終目標就是運用理性來理解有關神的真相，並且通過真相獲得最終的救贖。這就是笛卡爾、牛頓和萊布尼茲等人的思想基礎。另一方面，阿奎那又認為可以從經驗證明超驗。這其實是今天經驗主義哲學的基礎。

　　怎樣理解從經驗證明超驗呢？來看兩個例子。如果我問你美

是什麼，這是要你給出關於美的一個抽象的概念，這就是超驗，你不好回答；但如果我問你什麼東西是美的，你馬上就能舉出一堆例子，這就是經驗。類似地，如果我問你運動是什麼，你也很難回答；但如果我問你什麼物體正在運動，你很容易就能答出來。前者是超驗，後者是經驗。阿奎那認為，從經驗出發，可以獲得超驗。這為人類認識自然規律指明了一條道路。

　　阿奎那關注的不是經驗世界的具體事物，而是具體事物背後的本質。也就是說，同樣在說經驗，阿奎那和那些把種田經驗代代相傳的農民不同，甚至和希波克拉底、蓋倫等人說的經驗也不同。阿奎那並不滿足於獲得經驗本身，他是要通過經驗找到它們後面的規律。這在後來對自然科學的發展起到了巨大的推動作用，也促使近代形成了經驗主義的方法論。

**延伸閱讀**

◆ 英國：羅素，《西方哲學史》。

# 經驗主義思維
# 究竟是什麼？

到了近代，經驗主義和理性主義在同步發展。此後，經驗主義的發展有兩個高峰，一個是近代杜威提出實驗主義和波普爾提出證偽主義，完善了科學研究的方法；另一個是大數據，在最近的二十多年大數據方法被普遍地應用於各行各業後，很多過去單純靠理論無法解決的問題得到了解決。今天很多學術會議或者論文中用到的方法，都有 empirical 這個詞，這其實就是經驗主義的意思。

那麼，究竟什麼是經驗主義？簡而言之，經驗主義就是認為知識必須通過感覺的經驗（比如觀察、實驗和親身經歷）得到，規律必須通過經驗的驗證來證實。之所以這麼做，是希望能確保認知的客觀性。

說到經驗主義，很多人會把有經驗和運用經驗主義方法論搞混。經驗人人都有，但絕大部分人並不知道經驗主義方法論為何物。打個比方，一個川菜廚子和師父學手藝，把師父的經驗全學

到手，然後按照經驗給顧客做飯，他算是一個經驗主義者嗎？不算。他只是一個靠經驗謀生的人。假設這個廚師從四川到了上海，大家反映他做的菜太辣，不受歡迎。他可能會說，我一直是按經驗做的啊！是的，他一直在使用經驗，但他並不懂經驗主義。相反，還有一個廚子，他懂得做菜好吃的基本道理，又有一些實際工作的經驗，然後通過系統性的實驗和顧客回饋，不斷總結出各種味道和各種原材料以及烹調流程的關係，設計出全新的美食，這個廚師就掌握了經驗主義的方法論。

了解經驗主義是有必要的嗎？放在幾十年前，這個問題的答案可能是否定的，那時除了當醫生、做工程、做學術研究的人或者特定的專業人士，其他人不懂經驗主義方法論也能照樣生活。但在今天，大數據出現，經驗主義方法論被廣泛應用於幾乎所有行業，於是它就顯得非常重要了。就像前面講的廚師，在市場競爭激烈的今天，我們不太可能僅僅憑藉師父傳下來的手藝工作一輩子。接下來，我們就來了解經驗主義的基本思想和方法。

經驗主義的代表人物包括法蘭西斯·培根、托馬斯·霍布斯、約翰·洛克、喬治·柏克萊和後來的大衛·休謨等人。你可能已經發現了，他們全是英國人。這並不是一個巧合，這和英國的文化有關，具體內容我會在後面講到。在這些人中，培根是最早的，所以我們就從他談起。

## 培根和歸納法

　　培根的一生可以分為兩個階段。前半生，他是政治家、官員、大法官。培根從小飽讀詩書，其實就是指望靠學問出人頭地。事實上他也做到了，他擔任過掌璽大臣、大法官，被封為子爵。但在他的晚年，他被政敵攻擊，以受賄罪被起訴[1]。而實際情況是，當時英國政府不負責法院的費用，因此法官普遍要靠收禮來支付法院的開支，作為大法官的培根也不例外。隨後，為了維護國王的利益，他承擔了一切罪名，接受了四萬英鎊的巨額罰款，被罷免一切官職，此後一生不得擔任公職，還被關進了倫敦塔。從這件事來看，他對國王相當忠誠。後來，國王替他支付罰款並且赦免了他，但此後培根的生活頗為淒涼。失去官職的培根進入了人生的第二個階段。他著書立說，成了能在歷史上占有一席之地的哲學家。

　　很多人經常將培根和與他幾乎同時代的笛卡爾放在一起對比，並以此來闡述培根的思想。實際上，這兩位思想家都屬於近代最早超越古希臘和中世紀哲學權威的人。他們都認為古代的科

---

1 當時英國國會和來自蘇格蘭的國王詹姆士一世矛盾很深，培根站在國王一邊，因此被國會攻擊和起訴。

學方法已經不適用了，只不過他們各自提出了不同的新方法。

那麼，過去的方法論有什麼問題呢？簡單地說有兩點：第一，不成體系。這主要是因為古代哲學家常常把本體論和方法論混在一起，只有亞里斯多德的邏輯學除外。第二，過去人們是靜態地看待對與錯，把注意力放在驗證某個知識點的正確性上，而不是放在如何獲得完整的知識、建立知識體系上。這兩個問題，在今天絕大部分人身上都存在，因為人們在沒有經過系統學習之前自發形成的方法論都有這兩個特點。比如，你可能會發現身邊很多人愛就一件事的對錯爭吵，或者希望專家給出一個絕對正確、什麼場合都管用的答案。這些都是靜態看待對錯的表現。

近代哲學家超越古人的地方便在於此，他們的方法論不僅更有系統性，還能讓人不斷獲得新知，更新自己的認識；他們對一個事物的認識和看法也不是一成不變的，而是不斷深入的。只不過，笛卡爾側重於理性主義，培根側重於實用主義和經驗主義。笛卡爾傾向於演繹的方法，培根傾向於歸納的方法。笛卡爾認為，哲學家首先要思考最普遍的公理，然後基於對這些公理的理解推演真理的細節；培根則認為，應該首先考察細節，然後才能逐步得出最普遍的公理。笛卡爾懷疑感官是否有能力為我們提供準確的資訊，認為眼睛看到的可能是幻象；培根則懷疑人的頭腦是否有能力推導出真理，覺得人大腦裡想的可能是幻覺。

　　在方法論上，培根最大的貢獻在於完善了歸納法。還是官員時，培根就對科學研究和實驗非常感興趣，並且致力於找到科學研究的普遍方法。他認為，如果能把所有知識蒐集起來，就能解釋所有的自然現象。這種想法其實和今天的大數據方法有點相似。只不過，培根低估了人類所創造和擁有的知識的數量。他認為，只要獲得老普林尼的《自然史》（*Naturalis Historia*）[1] 那套百科全書六倍的知識就夠了。為此，他請求詹姆士一世頒布命令去蒐集各種知識，並且喊出了「知識就是力量」[2] 這句擲地有聲的口號。

　　除了蒐集知識，培根認為新的知識需要通過做實驗獲得，因此他也被稱為「實驗哲學之父」。培根認為，獲得自然科學知識和獲得數學知識是不同的。數學知識主要靠演繹推理得到，而自然科學知識需要靠做實驗，然後總結實驗結果來獲得，也就是要用歸納法。實驗和我們平時觀察自然現象是不同的，前者是主動的、帶有很強目的性的行為，近代之前的人很少刻意做實驗；後者則是無意的，可能會有新的發現，但是這個過程通常極長。比

---

1 這套書共有 37 卷，分為 2500 章節，被認為是西方古代百科全書的代表作。

2 這句話原本是用拉丁語寫的，原文是 psa scientia potestas est，意思是「知識本身就是力量」。1668 年，曾經擔任過培根秘書的思想家托馬斯・霍布斯在《利維坦》一書中將它表述成英語的 Knowledge is power，即今天我們所說的「知識就是力量」的常見說法。

如一個農民，他會從父親那裡學會種田的經驗，然後使用這些經驗幾十年。在這期間，他可能會觀察到天氣、水分、土壤、肥料等因素與收成的關係，但他不會去搞一塊試驗田，做各種對比實驗，因此也就不可能獲得提高收成的經驗。從這一點可以看出，近代哲學家所說的經驗，其實已經不同於我們日常所說的經驗，或者古代哲學家所說的經驗了。我們可以把培根的這個觀點概括為「用經驗主動地探索未知」。

與通過經驗知道具體問題的答案有所不同，培根強調通過對具體事物的研究，找出同一類事物的共性。培根在《新工具》一書中講，「儘管一些結論是從個例中總結出來的，但是能形成對整個自然的理解」。比如，通過觀察一些哺乳動物來了解它們的特性，最後上升為所有哺乳動物的共性。這種方法就是歸納法。我們可以把培根這個觀點概括為「發現普遍的規律性，然後用於各種場景」。

上述兩點綜合在一起，就是科學研究的目的和作用。培根是這樣講的：

因此，促進科學和技術發展的新科學方法，首先要求的就是去尋找新的原理、新的操作程序和新的事實。這類原理和事實可在技術知識中找到，也可在實驗科學中找到。當我們理解了這些原理和知識以後，就會導致技術上和科學上的新應用。

　　最後，培根反對在取得經驗之前預設結論。他說：「我們不能通過想像和預先假定，而需要通過發現，來了解大自然會做什麼或者可能做什麼。」我們今天很多人做事不是這樣的，他們會預設結論，然後為了證明這個結論去找證據。

　　17 世紀，培根的思想影響了牛頓、拉瓦錫等人。英國劍橋三一學院院士羅傑．科茨在為牛頓的《原理》一書撰寫了第二版編者序，在介紹牛頓的工作時，他說牛頓從來「不把尚未由現象確定的東西作為原理」。前面講到，牛頓是個理性主義者，他的《原理》一書是按照《幾何原本》的格式寫的。但是，這並不代表牛頓不會同時採用經驗主義的方法論。他的理論都是經過經驗驗證的，因而是站得住腳的。我們今天依然要學習牛頓的理論，也是因為如此。另一個深受培根影響的偉大人物是「現代化學之父」拉瓦錫。拉瓦錫對化學的貢獻，堪比牛頓對物理學的貢獻。拉瓦錫做研究時會隨身帶著天平，不經過測量驗證，他不會給出任何結論。

　　不過，雖然培根的思想影響了當時的一些知識菁英，但他的思想真正受到大眾重視，是在 19 世紀，也就是在他去世兩百年之後。當時，有兩個自然科學的領域完全是靠歸納法發展起來的，一個是地質學，另一個是生物學。在此之後，人們真正懂得了獲取經驗是一種主動的行為，而不只是被動的時間累積。有意

思的是，培根的死也和實驗有關。為了驗證當時人們總結的一個結論，即冷凍能讓肉保鮮，他在大冬天的雪地裡用剛剛殺死的雞做起了冷凍實驗。培根當時年事已高，頂不住風寒，等雞全部凍上時，他也得了重感冒，之後一病不起，最後不幸去世。臨死前，培根還不忘寫下實驗的結論——「實驗已經大獲成功。」

## 洛克：經驗主義不是倚老賣老

說到經驗主義，就不得不提英國思想家洛克，他被譽為經驗主義三傑之一。

今天大部分人在談到洛克時都會想到他對憲政理論的貢獻，尤其是他的分權說對世界的影響。其實，洛克在政治上的見解來自他的經驗主義哲學思想。和笛卡爾等人認為人有先天的理性和意識所不同，洛克認為，人在出生時頭腦是一塊白板，沒有與生俱來的先天的想法，這就是所謂的「白板說」。洛克認為，由於人的頭腦一開始是一塊白板，人後來的意識和知識只能由來自感官的經驗決定，這就如同在白板上不斷做記號。因此，人獲得了什麼樣的經驗，就會成為什麼樣的人。

說到經驗，你可能會想到有些喜歡倚老賣老，時不時炫耀自己有經驗的人。比如，他們喜歡說類似於「我吃過的鹽比你吃過

的飯還多」的話。因此，有些年輕人特別反感別人講「經驗」這兩個字，更不喜歡經驗主義。其實，這都是對經驗主義的誤解。

什麼是真正的經驗主義呢？洛克說，「為真理而愛真理是這個世界上人類之完美的主要部分，也是所有其他美德的種子」。因此，如果自己過去的經驗錯了，違背了真理，就需要把過去的經驗和想法徹底放棄。洛克說，「無論我寫什麼，一旦發現它不真實，我會馬上把它扔進火裡」。在洛克看來，經驗（包括科學實驗）是用來證實和證偽理論的，而不是說經驗一定是正確的。

洛克的這個觀點對我很有啟發，讓我真正理解了什麼可以算有用的經驗，值得我們信賴；什麼只是一段過往，沒有多少價值；什麼又是錯誤的認知，應該被淘汰。

有用的經驗分為兩種：一種能轉變為我們的技能，比如學會解方程式，做了一些練習題，掌握了一些技巧，這就是累積了有用的經驗；另一種可以驗證我們的認知，比如喝開水燙到了嘴，我們就知道喝的水溫度不能太高，這雖然是一個教訓，但也可以算成有用的經驗。

有些經歷只是一段過往，對我們沒有什麼用。比如，張三做「3 + 5 = ？」這道數學題，他一會兒得到的答案是 10，一會兒得到的答案是 4，總之沒有一次得到正確答案。雖然每次老師都會給他一個回饋，告訴他沒有做對，但他無法得知什麼是對的。

類似的，一個人總是重複已有的經驗也沒有意義。比如，張三學會了加法，知道 3 + 5 = 8、5 + 4 = 9，然後做了一百道類似的習題，那只是在浪費時間。這就是為什麼低水準地訓練一萬小時沒法讓人獲得進步。

相比於無用的經驗，更糟糕的是錯誤的經驗，它們通常是我們習以為常的錯誤常識。比如，很多人覺得感冒了運動一下出身汗，或者洗個熱水澡就好了，並且可能試了幾次還真管用了一兩次。再比如，很多人通過畫 K 線圖炒股，並且有過一兩次賺錢的經歷。於是，這些經驗就成了他們的常識。但實際上，這些所謂的經驗都不符合現實世界的規律，都是有害的，我們需要及時更新掉。

既然經驗不一定都是對的，倚老賣老便沒有了意義。我們一方面需要用經驗去驗證真理，另一方面也需要用真理去審視哪些經驗在誤導我們。

回到前面提到的洛克的「白板說」，其實從這個理論再往前走一步，自然而然就能得出他的政治理論。在洛克的政治學思想中，最重要的理論是自然權利論，即每個人都有同等的自然權利，因此生而平等。這個理論的依據就是人生下來並不具有先天的意識，頭腦是空白的。既然所有人的大腦都是一塊白板，就不應該有誰天生比其他人更高貴。之後，洛克又從人的自然權利引申出

人的三種最基本的權利，即生命、自由和財產權利。這三種權利也是每個人在自然狀態下獲得的，和出身無關，他人無權剝奪。這些思想後來成了美國《獨立宣言》的核心思想。

《獨立宣言》一上來就開宗明義地指出：「我們認為下面這些真理是不證自明的：人人生而平等，造物主賦予他們若干不可剝奪的權利，其中包括生命權、自由權和追求幸福的權利。」這其實就是對洛克自然權利論的準確表述。事實上，美國國父一代[1]的政治家構建國家的理念也是經驗主義的，他們根據英國憲政的經驗，經過妥協，拼湊出了一部憲法。

概括起來，洛克經驗主義的思想就是兩句話：首先，經驗是我們用來驗證真理的，而非經驗就是真理。其次，人剛出生時是一片空白，沒有高低貴賤之分，經驗來自後天，人的一切經歷及其生活環境共同塑造了他這個人。值得注意的是，和洛克同時代的經驗主義哲學家霍布斯也提出了類似的觀點。不過，限於篇幅的原因，這裡就不具體介紹了。

---

1 被稱為「美國國父」的人有幾十個。理論上講，在《獨立宣言》上簽了字的都可以算美國國父。但是，真正對美國建國和政體確立貢獻比較大的只有七個，分別是富蘭克林、傑弗遜、華盛頓、漢彌爾頓、麥迪遜、亞當斯和謝爾曼。如果要在其中再數出貢獻最大的幾個人，那就是富蘭克林、傑弗遜、漢彌爾頓和被稱為「憲法之父」的第四任總統麥迪遜。

## 柏克萊：「存在就是被感知」

　　講到經驗主義，還繞不開一個非常有爭議的哲學家——英國聖公會的大主教喬治‧柏克萊。柏克萊之所以有爭議，是因為他被貼上了「主觀唯心主義」的標籤。在對非哲學專業的同學開設的哲學課上，一般能不講他就盡可能地迴避過去。但與此同時，他又和洛克、休謨一同被譽為經驗主義三傑，但凡學習西方哲學就繞不過他。事實上，柏克萊在西方社會享有崇高的地位。比如，今天加州大學柏克萊分校所在地柏克萊，其實就是「Berkeley」的另一種翻譯，那個小鎮這樣命名就是為了紀念這位哲學家。再比如，耶魯大學的寄宿學院柏克萊學院，也是為了紀念他而設立的。因此，我們既然講到了經驗主義的方法論，就需要介紹一下柏克萊的思想。

　　柏克萊最有名的一句話是「存在就是被感知」。乍一聽這句話，很多人可能會覺得這是謬論，難道我們感知不到的事物就不存在了嗎？比如，在我尚未出生時，我父親難道就不存在了嗎？其實，這是對柏克萊原話的一種誤解。柏克萊的原話是「To be is to be perceived.」，其中 is 這個詞的含義很關鍵。在英語中，is 可以被理解成「等同於」，也可以被理解成「具有某一種屬性」。比如，我們說人是哺乳動物，這裡的「是」就不是等同於的意思，

而是說人具有哺乳動物的屬性。想搞清楚這裡的 is 到底該是什麼意思，要看柏克萊講這句話的語境。

柏克萊是在討論感知和實在性之間的關係時講到這句話的。他說，人因為有觀察視角的局限性，會受到感知的欺騙。比如，你把兩隻手分別放進冷水盆和熱水盆，然後拿出來都放進一個溫水盆，這時你的一隻手會感覺熱，而另一隻手會感覺冷。柏克萊說，這就是不同參照系產生的欺騙性。因此，有不同背景和經歷的人，對同一件事會有不同的感受。但凡是客觀實在的東西，我們都能真實地感知到，即便每個人的參照系都有所不同。因此，柏克萊的這句話被認為是經驗主義能夠成立的基礎，它把世界的真實性和可感知性聯繫了起來。

如果進一步了解當時的時代背景，我們就能體會這句話的進步意義了。當時，很多人相信宗教中說的不可感知的超經驗，柏克萊則指出，即便有些存在的事情我們現在還無法感知到，但是我們最終會有辦法感知到它們的存在。比如，電磁場在我們身邊存在著，我們自身無法感知它們，但我們可以通過手機感知到它們的存在。

與「存在就是被感知」相對應的，是笛卡爾的名言「我思故我在」。對於這句話，很多人也有疑問，難道不思考，我就不存在了嗎？這其實也是犯了按照中文翻譯的字面意思理解的謬

誤。笛卡爾這句話也是有上下文的,他的原話是用拉丁文說的,將上下文結合在一起,翻譯成英文大致是「I doubt, then, I think, therefore I am.」。整體意思是,我對未知世界有疑問,然後我思考了,最後我明白了。笛卡爾講,「只有當我理性思考的時候,我的感覺才會是真實的,這是我的『第一性原理』」。今天很多人喜歡說「第一性原理」,這個詞就是笛卡爾在這段話裡第一次提出來的。

我們知道,笛卡爾主張懷疑一切不確定的事情。因此在他看來,懷疑是獲得認知的第一步,第二步是思考,最後是獲得知識。笛卡爾和柏克萊最大的不同之處在於,笛卡爾強調思考,而柏克萊強調感知。其實公平地講,笛卡爾和柏克萊的思想並不矛盾,他們只是各自強調了認識方法的兩個不同側面。

回顧一下前面講到的洛克的白板說,人的過往決定了一個人會變成什麼樣。笛卡爾和柏克萊之所以對如何認識世界有不同的看法,也是因為他們的經歷不同。

笛卡爾是一個數學家,擅長演繹推理。同時,他也是一個二元論的哲學家,接受了柏拉圖的思想,認為理念世界是可靠的,真實世界可能不可靠。因此,他認為我們的感官有時會欺騙我們,呈現給我們的東西是不真實的。比如,我們做夢的時候也感覺周圍的事物是真實的,但那顯然是假的。再比如,我們看到

日月星辰東升西降，也會誤以為它們圍繞著地球旋轉，這當然也是假的。笛卡爾認為，只有理性能讓我們免受感官帶來的錯覺欺騙。

柏克萊的經歷則不同，雖然我們給他貼的標籤是「大主教」，但他其實也是一位科學家。柏克萊專門研究人的視覺，以及為什麼只有兩個維度的視網膜上的圖像能在人腦中合成出三維立體圖像。他研究了眼球和眼睛肌肉的結構，做了很多實驗，最後得出一個結論：人能夠感受到三維物體，是視覺印象與其他感官（比如觸覺和運動）聯合作用的結果。比如我們走近一個花瓶，伸手去拿它，由於我們的眼睛不斷接近它，花瓶和我們眼睛相對位置的變化就在我們眼睛中形成了三維花瓶的圖像。這樣的經驗多了，我們的頭腦中就有了三維花瓶的印象。柏克萊把他對視覺的研究寫成了《視覺新論》一書。雖然他對視覺機理的闡述不是非常準確，但和今天醫學界的看法大體是一致的。

柏克萊同意洛克關於人的一切觀念都來自經驗的看法，他認為一切知識都是正在經歷的感受和經驗的積累。通過對視覺的研究，柏克萊提出了聯想在獲得知識過程中的重要性。今天醫學研究的成就表明，我們眼睛看到的畫面其實只有中間很小一部分（大約一度角）是清晰的，整個畫面是大腦聯想合成出來的。正是因為對人類如何感知世界有深入的研究，柏克萊才相信通過感

知獲得的經驗對人產生正確認識的重要性。

　　和柏克萊經歷類似的是洛克。洛克原本是一位水準高超的醫生，還獲得了碩士學位，這在當時是很了不起的。此外，他還對當時的實驗科學很感興趣，和許多有名的科學家，包括波以耳[1]、虎克[2]等人共事過。這些經歷對他成為經驗主義哲學家至關重要。至於他後來發表那麼多政治方面的觀點，其實是一些機緣巧合的結果。作為一位名醫，洛克曾經救過輝格黨創立者之一的沙夫茨伯里伯爵的命，受到這位政治家的影響，洛克後對政治思想感興趣，並且在這方面反而最有成就。

　　很多時候，在讀到這些哲人的經歷後，我們能更好地理解他們的思想，特別是理解他們為什麼會那麼想，為什麼會忽略甚至反對同時代的另一些思想。了解了這些情況，我們也應該明白，我們的經驗其實也在限制我們的思維。因此，我們要多了解各種思維工具和他人的想法。

　　笛卡爾的理性主義和柏克萊的經驗主義有各自不同的應用場景。至於什麼樣的場景該用什麼樣的工具，休謨給出了一個判別方法。

---

1 羅伯特・波以耳（Robert Boyle），愛爾蘭自然哲學家、煉金術師。
2 羅伯特・虎克（Robert Hooke），英國自然科學家、發明家。

**延伸閱讀**

◆ 英國：培根，《新工具》。

# 何時使用經驗
# 何時相信理性？

　　前面講到，哲學是個工具，而工具就會有適用範圍。不僅哲學如此，人類的任何知識都有這樣的特點。休謨用了一個形象的比喻，就如同用叉子分開食物一樣把人類的知識一分為二。後來，人們把這種劃分知識範圍的做法叫作使用「休謨的叉子」（Hume's fork）。

　　休謨的叉子所劃出的一邊是觀念知識，另一邊是經驗知識。觀念知識不需要經驗的驗證，主要包括數學知識，它們是通過理性思考和演繹推理獲得的，因此不需要做實驗來驗證。比如畢氏定理，你只要從幾何學基本的公理出發，運用邏輯推理就能發現它、理解它，不需要去測量上百個直角三角形的邊長來核實這個定理。可以講，數學是人類知識體系和認知過程中的一個特例。與觀念知識相對，經驗知識包括數學之外幾乎所有的知識。在休謨看來，這些知識是無法單純靠理性來獲得的，或者說單純靠理性去思考這些知識反而不可靠。

　　那麼，為什麼說單純靠理性思考反而不可靠呢？這主要有兩個原因。其一，理性的世界只是全部世界的一部分，世界上存在很多合理的，但並不符合理性的東西，比如情感。對於它們，如果一定要用理性思考，是會出問題的。其二，很多人使用理性推理時，沒有用好。最基本的理性的方法是歸納和演繹，但實際上，無論是歸納還是演繹，很多人都使用錯了。下面我們就來具體談談歸納和演繹有什麼誤區需要避免。

## 使用演繹推理和歸納推理時的誤區

　　先來看看人們在使用演繹推理時容易陷入的誤區。

　　演繹推理是從一個基本的結論出發，推演出各種不同的情況。這些情況之所以能夠成立，是因為正確的結論其實已經蘊含在正確的前提中了。但除了數學，任何知識體系都無法確保前提條件完全正確。比如，我們根據教科書學習，然後根據書上的內容來做題、考試。我們能把題目做對的前提是教科書上寫的內容都是正確的。今天我們知道，這一點未必能夠得到保障。但是，過去人們常犯這種錯誤。比如，在科學革命之前，西方人在研究學問時會假定《聖經》上說的都是對的，或者亞里斯多德說的都是對的。這種做法發展到極致就是教條主義。休謨反對這種做法。

　　要從一個基本的結論推出衍生的結論，除了前提正確，還需要它和結論之間確實存在因果關係。但休謨說，我們其實很難判斷真正的因果關係是什麼，我們經常只是給兩件在時間和空間上挨得很近、一前一後發生的事情套上了因果關係。比如，秋冬季節，小張穿著短袖出門跑步，回來感冒了。過去人們會認為，著涼是感冒的原因，感冒是著涼的結果。這種因果關係對不對呢？今天的醫學研究告訴我們，冷空氣本身並不會讓人感冒，真正讓人感冒的是空氣中的病原體。比如，普通感冒是由鼻病毒引起的，流感是由流感病毒引起的。實際上，在溫暖、人很多卻不透氣的空間，一個人感染疾病的可能性比在冷空氣流通的室外大得多。

　　再比如，人們過去常說「烏鴉叫，喪事到」，的確是有這種現象，但其中的因果關係究竟是怎樣的呢？烏鴉叫是人死的原因嗎？有人認為恰恰相反，是人快死時散發出的味道吸引來了烏鴉。你看，要準確找到兩件事的因果關係是非常難的，今天我們認為毫無疑問的因果關係，也未必就是真正的因果關係。

　　接下來說說歸納推理的問題。演繹推理是把普遍規律應用於個案，而歸納推理正好相反，是從個案中找出共同規律，其中最大的問題是個案是否具有代表性。比如，你們班上有幾個同學都在看某本參考書，而且他們的考試成績都提高了，能否得出那本參考書對考試成績有幫助的結論呢？這還真不好說，那幾個同學

可能本身就是學霸，因此他們就不具有代表性。

很多人認為，只要研究的個案足夠多，總結出來的規律就是正確的，因為已經反復驗證過了。這種觀點也是有問題的。舉個例子。你可能聽說過火雞悖論，這是說有一個農場主，他每天出現在雞窩前，給火雞帶來食物。久而久之，火雞就歸納出了一個結論——農夫的出現意味著食物的到來。這個規律是否成立？火雞今天驗證一下，發現成立；明天又驗證一下，發現還成立。這隻火雞可以說非常理性了，但等到感恩節的前一天，這個規律就失效了，理性的火雞等來的不是食物，而是農夫的屠刀。歸納法中的這個現象也被稱為不完全歸納，也就是說，用這種方法歸納出的結論並非對所有情況都成立。

除了上述兩點，歸納法還有一個問題，就是人們在日常生活中會不經意地選擇那些有利於自己結論的例子，忽視那些和自己結論相矛盾的例子。比如，很多人覺得炒股能賺錢，並且列舉了很多次自己賺到錢的交易，卻把賠錢的交易全忘了，好像它們根本沒有發生過一樣。這樣歸納得到的結論肯定站不住腳，更無法指導將來的行動。

當然，有人可能會覺得，從個例和經驗中總結規律不應該是經驗主義要解決的問題嗎？其實，經驗主義和理性主義並非完全對立的，用經驗驗證規律是經驗主義者宣導的方法，但從有限的

經驗中總結出普遍性的規律通常是理性主義者喜歡做的事。很多經驗主義者都懷疑是否存在具有普遍意義的真理。比如休謨就認為，單純靠理性思考，無論是用歸納法還是演繹法，得到的結論都可能不可靠。因此，包括休謨在內的很多經驗主義者，常常被外人看成懷疑主義者。

既然通過演繹推理和不完全歸納得到的結果都可能靠不住，那麼我們能依靠什麼呢？還是經驗。只不過，我們不能輕易從經驗中總結所謂的規律，否則反而會讓自己思想僵化或者被自己的經驗誤導。

舉個例子，有一種情況被稱為「懦夫困境」。它講的是兩個人開著車在一條很窄的道路上相對而行，雙方都不想示弱躲避，最後膽子大的一方加速向對方撞去，膽小的一方則會因為怯弱不得不在最後給對方讓道。這個理論有沒有道理呢？不能說完全沒有道理。你如果試幾次，可能對方還真的讓你了，但如果你覺得這樣總結出來的規律是對的，那就大錯特錯了。終有一次，你會讓自己掉進萬劫不復的深淵。

第二次世界大戰時，希特勒就是這麼做的。1936 年，他首先比較謹慎地將軍隊開入德法之間的非軍事區，想以此試探法國的膽量，法國果然沒有採取行動，希特勒的冒險成功了。在此之前，德國國防軍的將軍們對希特勒冒險的做法是持異議的。一次冒險

成功後，希特勒進行了第二次更大的冒險。1938 年春天，德國武裝占領並吞併了奧地利。這一次，包括英國和法國在內的整個西方世界都沒有表示反對[1]，這似乎證明了作為西方國家首領的法國和英國是「懦夫困境」中的懦夫。於是，希特勒開始了第三次冒險，施壓要求捷克斯洛伐克境內人口以德意志民族為主的蘇台德地區獨立出來。這一次，他又成功了，英國和法國在慕尼黑會議上退讓了，規定捷克斯洛伐克將蘇台德地區「轉讓」給德國，其他西方國家也默不作聲。第二年（1939 年）春天，希特勒乾脆出兵占領了捷克斯洛伐克全境。此時，西方國家還是沒有動作。

這一系列成功似乎不斷證實了兩個規律：第一，每次德國態度強硬地堅持做某件事，西方國家就會認慫退讓；第二，每次希特勒和將軍們就軍事冒險的結果判斷不一致時，總是膽子更大的「元首」對了，謹慎的將軍們錯了。這種經驗讓將軍們對希特勒產生了崇拜，也讓希特勒自己陷入了資訊繭房[2]。結果到了 1939 年秋天，德國再次冒險，試圖壓迫波蘭讓出東普魯士和德國本土之間的波蘭走廊時，非但波蘭沒有退讓，它背後的英國和法國也

---

1 德國和奧地利都是以德意志人為主體的國家，但在第一次世界大戰後簽訂的《凡爾賽條約》明確規定了嚴禁德國和奧地利合併。

2 資訊繭房是指人們關注的資訊領域會習慣性地被自己的興趣所引導，從而將自己的生活桎梏於像蠶繭一般的「繭房」中的現象。——編者註。

沒有退讓，結果大戰就爆發了。希特勒隨後還進行了好幾次冒險的嘗試，但最後輸得很慘。

在生活中，一些霸凌者也是利用很多人「懦夫困境」的心理占人便宜，漸漸地，他們以為自己無所不能，直到遇到真正的強者直接把他們打趴下，或者往日的「懦夫」顯示出強者的一面。顯然，那些從懦夫身上總結出的、看似成功的經驗，其實只是偶然運氣好罷了。

## 新經驗主義和新理性主義

休謨提出的上述問題，無論是笛卡爾的理性主義方法論，還是培根早期的經驗主義方法論，都很難解決。直到近代，隨著人類在各個學科取得越來越多的成就，對於如何有效獲得正確的知識，如何不斷糾正謬誤，才形成了比較完整而有效的方法論。這些方法論最重要的就是由約翰·杜威的實驗主義和卡爾·波普爾的證偽主義構成的新經驗主義，以及以托馬斯·孔恩為代表的新理性主義。他們基本上解決了不完全歸納法不可靠的問題。

杜威是 20 世紀美國著名的教育家和哲學家，中國近現代的很多大師，比如胡適、馮友蘭、陶行知、張伯苓和蔣夢麟等，都出自他的門下。簡單地講，杜威的觀點是首先承認除數學之外的

一切真理都是相對的，甚至是人主觀確定的。在這一點上，杜威和近代的經驗主義哲學家觀點一致。有所不同的是，杜威並不認為真理是靜止的，他認為世界上沒有什麼永恆的東西，世間萬物都是變化的。因此，他強調反覆通過實驗來驗證真理，哪怕是那些已經被驗證過、我們覺得毫無疑義的真理。

波普爾是 20 世紀最重要的科學哲學家。他指出，真理光靠實證是不夠的，因為即便證實了一萬次，也不能保證覆蓋了所有可能性。更重要的是，僅僅能夠得到證實的理論可能是毫無價值的。比如，有人說「股市早晚要崩盤」，這件事可以不斷得到證實，因為即便股市漲了很長時間，也總有下跌回檔的一天。但這句話有什麼意義呢？因此，波普爾講，真理最重要的是具有證偽的可能性，簡稱可證偽。比如，「股市早晚要崩盤」就不具有證偽的可能性，因為股票很長時間沒有跌並不能說明「早晚要崩盤」的結論是錯的，只能說明時間還沒有到。類似的，關於上帝存在或者不存在的說法也無法證偽。但是，如果你說「股市在 2023 年 5 月之前要崩盤」，或者說「上帝要在某年某月某日來某地」，這兩句話就是可以證偽的，它們也就有意義了。

利用可證偽性這把叉子，波普爾在休謨所說的經驗知識中又劃了一道邊界。一邊是可證偽的知識，波普爾稱之為科學；另一邊是不可證偽的知識，波普爾稱之為非科學。需要注意的是，非

科學不是偽科學，它們的結論可能是正確的，只是不具有可證偽性。比如，人文社科領域的很多結論就不具有可證偽性，因此這些知識就是非科學，而不是偽科學。

講到科學要證偽，可能有人會問：科學的結論不都是正確的嗎？這是普通人對科學最大的誤解。科學從來不代表正確，它只是一種獲得知識的方法。和非科學不同的是，這種方法保留了證偽的可能性，因此可以越來越準確地認識世界的規律。因為一旦因為不完全歸納而導致的錯誤出現，我們就知道了，就可以修正它。這樣科學就不斷進步了。在這個過程中，任何人都可以去證偽，並不需要是專家或者權威。但是，在非科學的知識體系中，知識無法證偽，因而我們無法判斷其對與錯，也就很難進步。

杜威和波普爾回答了休謨沒能回答的問題，就是對於那些因不完全歸納法得到的知識該如何對待。波普爾認為這不是個問題，因為知識的正確性總是相對的，被證偽之後進行修正就可以了。因此，我們不必為此擔心。將杜威和波普爾的思想結合起來，對待知識和經驗的態度應該是這樣的：**我們需要不斷用經驗驗證自己的知識，特別是那些我們認為是常識的知識；如果發現它們被證偽了，我們就要更正自己的知識。**

如果我們的知識隨時需要更新，是不是就意味著我們沒法總結出關於世界的一般性規律呢？科學哲學家孔恩回答了這個問

題。在《科學革命的結構》一書中，孔恩提出了科學革命的典範理論，用叉子從時間維度將人類的知識做了劃分。孔恩認為，科學史總是可以分為常規進步和科學革命這兩種不同的階段。前者是常態，在這種階段，人們會認為關於世界的普遍性認識基本上是準確的，最多需要一些小的修修補補；後者是非常態，人們發現過去關於世界的基礎認知會遇到危機，最終會出現一種更好的革命性的世界觀，取代之前占主導地位的觀點。比如在歷史上，天文學上的日心說取代地心說，化學上的氧化理論取代煉金術的燃素說，物理學中牛頓力學、馬克士威電學、相對論的確立等，都是科學革命階段的事。

概括杜威、波普爾和孔恩的理論：絕大部分時期，我們可以相信那些非反復驗證的知識，因為我們處在常規進步的階段，而非科學革命的階段。但是，當某個領域的進步突然加速時，我們就要注意更新自己的知識。比如，今天大數據的使用使人工智慧獲得了突飛猛進的進展，我們很多的認知就不得不更新了。在空間上，我們可以使用休謨的辦法，把知識體系分為三種，每一種採用不同的認知方法去學習。

第一種知識體系是數學，它是純粹理性的。對於這類知識，不通過理性思考是學不會的。比如，數學上有很多概念，如「等號」、「開方」、「對數」等，它們在真實世界中都沒有直接對應

的存在，我們不可能靠觀察或者感知得到這些概念，只能靠理性思考和邏輯推理認識它們。

第二種知識體系是科學（即自然科學），也就是波普爾所說的可以證偽的知識。在這類知識中，理性的成分很大。我們通常會通過歸納法得到簡單明瞭的規律，而這些規律概括了相關領域的主要知識。學習這類知識，既要靠理性，也要靠不斷摸索經驗。同時，驗證它們需要採用實證主義的方法；如果想準確勾畫規律的邊界，則需要採用證偽的方法。

第三種知識體系是非科學，包括很多社會科學和人文科學。在這類知識中，經驗的成分更大。在這些領域，很多時候，我們不能完全依靠邏輯得出令人信服的結論，但經驗可以讓我們少走彎路。當然，這絕不意味著這些學科不需要理性的分析和邏輯，而是說我們往往無法從這些學科中找到自然科學定律那樣普遍適用的規律。即使能找到一部分規律，它們也有嚴格的適用範圍。

在現代的科學領域，還有一類知識介於自然科學和非科學的知識之間，包括心理學知識和醫學知識。很多人看病都想找有經驗的老大夫，這是有道理的。前面講過，「經驗主義」這個詞最早就來自古希臘的醫學，直到今天，經驗在醫學中依然占據著很重要的地位。美國和中國的很多名醫都跟我分享過他們的行醫經驗，他們說，經驗累積到一定程度後，他們給人看病就基本不會

出大的偏差了，可見經驗的重要性。

## 經驗主義和理性主義可以合而為一嗎

從經驗主義和理性主義在近代的爭論可以發現，經驗主義的代表人物，比如休謨和洛克，都側重於從對社會的觀察中得出自己的哲學見解；理性主義的代表人物，如笛卡爾、牛頓和萊布尼茲，則都在數學上有很高的造詣。這並不是巧合，他們的工作方式和他們所擅長的領域是相匹配的。

那麼，有辦法將經驗主義和理性主義結合成一種方法論嗎？很難。在歷史上，有人試圖這麼做過，但並沒有成功。德國古典主義哲學的奠基人康德原本是理性主義的哲學家，但在看到休謨的書之後，他有一種猛然驚醒的感覺。於是，他花了很多年的時間修正自己的哲學思想，試圖調和這兩種思想的分歧，但從結果上看並不成功。

即便是在科學領域，經驗主義和理性主義的做法也很難調和。就拿人工智慧來說，早期的學者通常喜歡把它劃歸到自然科學的範疇，希望依靠理性和邏輯來解決人工智慧的問題。其中，比較有代表性的學者是提出了形式語言理論的喬姆斯基。喬姆斯基試圖用數學模型來產生語言，或者說把語言納入數學的範疇。

這可不可行呢？應該說部分是可行的，像今天的電腦語言，就可以完全被納入數學的框架內。但是，人類的語言就沒有這麼簡單了。人類的語言總是有很多例外，你找到的或者設定的規律，總是有失效的時候。於是，到 20 世紀 70 年代之後，在自然語言處理這個領域，賈里尼克等人扛起了經驗主義的大旗，讓電腦通過對經驗和案例的學習來處理人工智慧問題。今天人工智慧的成功，就是在這批人的工作基礎上發展起來的。

在很長的時間裡，學術界有關自然語言處理的學術會議一直分成兩派，一派偏傳統語言學理論研究，比如國際計算語言學會議（International Conference on Computational Linguistics, COLING）；另一派偏經驗主義，比如自然語言處理經驗方法會議（Conference on Empirical Methods in Natural Language Processing, EMNLP）。這兩派的會議我都參加過，我發現這兩類人完全不同。

再後來，各個研究機構的學者覺得，既然大家的目標是一致的，只是方法不同，為什麼不能兼顧兩種方法呢？於是，上面兩種會議有時就會特意放在一起舉辦。但是，這並沒有促進經驗主義和理性主義的結合。事實上，雖然兩類學者到了同一個會議上，但他們該用什麼方法就還是用什麼方法，沒有太多有價值的論文是兼顧各種方法的。到目前為止，人工智慧和大數據領域的幾乎所有成就都來自經驗主義一派。因此，簡單地將這兩種方法

放在一起使用，可能只會造就一個四不像的大雜燴，產生不了什麼有價值的結果。

對於理性主義和經驗主義，我倒覺得休謨的叉子是一個好工具。我們可以先把各類問題的邊界劃分清楚，然後對不同問題採用不同的方法，而不要試圖找到一種能針對所有問題，還超級有效的方法論，更不能因為掌握了一套方法論，就「手裡拿著錘子，看什麼都是釘子」。數學用到的完全是理性主義的方法；自然科學既用到理性主義，也會用到經驗主義。自然科學的規律通常是通過實驗和經驗發現的，這是其中經驗主義的部分；但是自然科學只有被數學化，才能被廣泛應用，這是其理性主義的部分。對於大多數非科學的知識體系，比如經濟學，雖然做研究需要講究邏輯，但是結論通常是通過經驗主義的方法得到的。至於生活中的問題，通常經驗更有效。不過，在做基本判斷時，有時也需要使用邏輯。採用經驗和邏輯進行雙重驗證，絕大部分失誤都是可以避免的。

**延伸閱讀**

◆ 英國：卡爾·波普爾，《猜想與反駁：科學知識的增長》、《科學發現的邏輯》。
◆ 美國：杜威，《經驗與自然》。

# 社會變革中的經驗主義：
# 影響與實踐

　　理性主義和經驗主義不僅促進了科學的發展，為人類帶來了科學時代，也對今天西方的政治、法律、科學和社會都產生了極為深遠的影響。可以說，它們分別塑造了今天歐洲大陸和英美的文化和社會。前面在講這兩種主義的代表人物時，不知道你有沒有注意到一個現象——理性主義的代表人物大多來自歐洲大陸，而經驗主義的代表人物大多來自英國。這種現象不是巧合，它與歐洲大陸和英語國家在歷史上的政治、經濟特點密切相關。簡單地講，歐洲大陸更重理性，喜歡設計出一種理想社會，從根本上解決問題；英美則更重經驗，喜歡對現有制度修修補補。不同的理念，不同的做法，就會有不同的結果。

　　為了加深對這些差異的理解，我們不妨對比一下一個曾經在歐洲大陸和英倫三島都發生過的重大事件——啟蒙運動，來看看不同的思維方式會怎樣塑造出不同的社會。我之所以用啟蒙運動為例來說明理性主義和經驗主義的差異，一方面是因為啟蒙運動

極為重要，它可能是除工業革命之外最重要的歷史事件；另一方面，它很好地說明了不同的思維方式會帶來不同的做法，而不同的做法又會帶來不同的結果。

## 被忽略的蘇格蘭啟蒙運動

什麼是啟蒙？康德講，啟蒙就是人類脫離自己加之於自己的不成熟狀態。事實上，人類真正進入現代社會，靠的是啟蒙，這是從國家和社會的層面看啟蒙。對個人來講，其實也有一個啟蒙的過程，讓自己從不成熟狀態進入成熟狀態。一個國家獲得啟蒙的道路不止一種。人們通常比較了解的是法國的啟蒙運動，盧梭、孟德斯鳩、伏爾泰和狄德羅等法國思想家從人的自然權利出發，為人類設計出了新的現代社會制度。但是，歷史上其實還發生過一次可以比肩法國啟蒙運動的運動，那就是蘇格蘭啟蒙運動，它的影響一直延續到今天。當然，有人可能會覺得這種說法是誇大其詞。這樣認為的人，肯定是不了解蘇格蘭啟蒙運動，甚至不太了解蘇格蘭對世界的貢獻。

事實上，蘇格蘭啟蒙運動才是今天世界在思想上的起點，今天的許多社會問題都可以在蘇格蘭啟蒙運動的思想中找到答案。至於開啟蘇格蘭啟蒙運動的學者和受該運動影響而改變世界的科

學家、發明家，更是大有人在，比如法蘭西斯·哈奇森、大衛·休謨、亞當·斯密、亞當·福格森、瓦特、馬克士威、亞歷山大·貝爾，等等。因此，西方人這樣評價蘇格蘭：除了古希臘，世界上還沒有哪個民族，人口如此之少，對世界的貢獻如此之大。美國歷史學家亞瑟·赫曼甚至寫了一本書，書名就叫《蘇格蘭人如何發明現代世界》。

除了上述知識菁英對人類的貢獻，蘇格蘭人在各個領域都極為重要。比如，醫療上的青黴素，生活中不可或缺的自行車、電冰箱、傳真機、ATM 機，以及無縫鋼管、絕緣導線、充氣輪胎等基本製造業零件，都是蘇格蘭人發現或者發明的。在科學領域，蘇格蘭人發明了數學中的對數，提出了物理學上的希格斯理論。在金融領域，蘇格蘭人創建了英格蘭銀行以及法蘭西銀行的前身。在文學領域，他們還創造了福爾摩斯和彼得·潘等不朽的形象。

這樣一個對人類文明作出了巨大貢獻的民族，有多少人呢？今天，蘇格蘭也不過只有 500 多萬人，跟北京東城區、西城區和海淀區的人口總量差不多。從財富來講，蘇格蘭的人均 GDP 在 4 萬美元左右，比英格蘭還少一點，在發達國家和地區中不算特別高的。但就是這樣一個非常小，也不算太富裕的民族，居然人才輩出。而解答這個問題的鑰匙，就藏在蘇格蘭啟蒙運動之中。

雖然蘇格蘭啟蒙運動的目的和法國啟蒙運動相同，但兩者背

後的哲學邏輯和具體實施方法都有所不同，因此結果也不相同。從蘇格蘭啟蒙運動中，我們能體會到經驗主義做事方法的特點。

既然被稱為「啟蒙運動」，蘇格蘭啟蒙運動最重要的成就肯定是在思想領域。當時，蘇格蘭最著名、最有代表性的思想家是哈奇森和休謨。他們從不同角度深入研究了人性的本質，目的是要建立一種正常的人和人之間、人和社會之間的關係。既然是要建立正常關係，就說明之前還存在不正常的關係。事實上，過去，無論是在西方還是東方，社會關係都建立在兩種「不正常」的基礎之上──靠人們對神的共同信仰確立起一種所謂的「兄弟姐妹」關係，或者根據出身和血統確立起一種封建等級關係。這兩種社會關係都是被預設好的。因此，不同宗教之間，人和人不寬容；不同階層之間，人和人不平等；就算是在一個家族內部，也有尊卑貴賤的差別。在啟蒙思想家看來，這樣的關係就是不正常的。所謂的正常關係，不是事先設定好的，而是在社會活動中自然演化形成的，它需要符合以人為本的商業文明社會的需要。

無論是法國啟蒙思想家，還是蘇格蘭啟蒙思想家，都看到了這些問題，也都知道社會該往哪個方向發展，但他們提出的辦法完全不同，這一點我們會在後面詳細對比。

蘇格蘭啟蒙運動的第二個成就是催生了工業革命。而工業革命可以說是人類文明發展進程中最重要的事件。沒有工業革命，

我們的生活可能就不會比兩千年前的人有太多改善。

我們都知道瓦特對工業革命的貢獻，而瓦特之所以能成功，很大程度上就是因為事先掌握了發明蒸汽機所需要的科學知識。那麼，他的科學知識是從哪兒來的呢？這就和瓦特任職的格拉斯哥大學的一位物理學教授有關。這位教授叫約瑟夫·布萊克，他不僅幫瓦特解決了很多有關蒸汽機的技術問題，還在精神氣質上對瓦特產生了很大的影響。他們都堅信技術能帶來工業上的革命，並且間接地讓商業繁榮；工業和商業的發展將會使人更為自由，自由又將帶來文明與優雅，然後推動人類的進步。

當然，具有這種思想的絕不止瓦特和布萊克兩個人。當時蘇格蘭的中心愛丁堡，科學家和發明家輩出，學術氛圍濃厚，被稱作「北方的雅典」。在瓦特之後的發明家史蒂芬森父子、塞繆爾·摩斯、亞歷山大·貝爾和愛迪生等人，都秉承了這種思想。今天，矽谷的發明家們又繼承了那一代發明家的衣缽，相信技術能夠改變社會。

蘇格蘭啟蒙運動的第三個成就是開啟了全球化的商業文明。對推動近代全球化貢獻最大的是兩個人，一個是著名經濟學家亞當·斯密，另一個是當時英國首相小威廉·皮特。

簡而言之，如果說法國啟蒙運動奠定了現代國家的理論基礎，那麼蘇格蘭啟蒙運動就是奠定了今天公民社會、商業社會和

技術社會的思想基礎。蘇格蘭啟蒙運動用行動向人們展示了如何建立起新的人和人、人和社會的關係。具體講，就是尊重每一個個體，使自己和他人獲得精神上的自由，從而激發出巨大的創造力。這既是小小的蘇格蘭能夠人才輩出的原因，也是今天社會的創造力要遠遠高於過去任何時代的原因。

## 蘇格蘭啟蒙運動 vs 法國啟蒙運動

了解了蘇格蘭啟蒙運動，你可能會好奇它和法國的啟蒙運動有什麼相同和不同之處。

這兩場啟蒙運動的相同之處主要體現在四個方面：第一，它們都是思想解放運動，特別強調個人的自由，包括思想的自由和按照自己的意願做事情的自由。這是現代社會創造力的來源。第二，它們都清楚地意識到了在基督教和王權統治社會的歷史完結之後，需要建立現代的人和人、人和社會的關係，而這種關係建立在平等的基礎之上。第三，它們都強調理性和法制的作用，以及對權力的約束。第四，它們都強調仁愛。

不過，相對於兩者的相同之處，我們更應該了解這兩次啟蒙運動的不同點。

**首先，這兩次啟蒙運動誕生的原因不同。**

　　先來看看法國的情況。在歷史上，法國並沒有進行嚴格意義上的宗教改革。雖然加爾文宗——準確地說是喀爾文宗的分支胡格諾派一度在法國有很多信徒，但法國天主教的勢力一直很強大。1685 年，路易十四甚至發布楓丹白露敕令，宣布天主教為法國國教，廢除承認胡格諾教徒享有信仰自由的《南特敕令》，改變了之前宗教自由的國策。此外，在路易十四當政期間，法國從過去的封建制變成中央集權制，封建主都被路易十四召集到凡爾賽宮，天天過著醉生夢死的生活，地方的權力則逐漸落到了國王派去的地方長官手裡。在這種情況下，法國啟蒙運動的目的主要就是反對教會和反抗王權。也就是說，法國啟蒙運動有著明確的反對對象。

　　再來看看蘇格蘭的情況。蘇格蘭發生啟蒙運動的直接原因是，1707 年蘇格蘭和英格蘭合併，成立新的大不列顛王國。當時，在西歐各國主導的全球爭霸中，蘇格蘭處處被動，在經濟上瀕於破產。於是蘇格蘭王國決定，乾脆和自己的鄰國——當時蒸蒸日上的英格蘭合併。當時有不少蘇格蘭貴族反對這項計畫，畢竟蘇格蘭和英格蘭幾百年來一直打打停停，關係不算很友好。但是，由於蘇格蘭實在是財政困難，最終國會還是通過了《1707 年聯合法案》。

　　合併之後，英格蘭實際上控制了聯合王國的外交和國防，蘇

格蘭則保留了其他所有的獨立性，包括獨立發行貨幣。蘇格蘭不用再為國防發愁，蘇格蘭商人到了世界各地還可以受英國海軍保護，蘇格蘭人就此獲得了一種和平的發展環境。不過，蘇格蘭人很快就發現他們陷入了一種尷尬的地位，就是自己變成了英格蘭的窮兄弟。於是，很多蘇格蘭人就開始思考要如何發揮自己的優勢，定位自己在未來世界中所起的作用。

　　蘇格蘭的地理條件不是很好。雖然它的面積和英格蘭差不多，但人口只有英格蘭的十分之一左右。之所以會呈現這種情況，是因為蘇格蘭處於「兩高」地帶——緯度高，海拔也高。即便是愛丁堡這樣位於蘇格蘭南部的大城市，緯度（北緯 56 度左右）也比中國最北部的城市漠河還高。這樣的地方冬天日照極短，而這當然不利於農業生產。就算是在夏天，蘇格蘭晚上也經常要開暖氣，因為氣溫實在太低。此外，蘇格蘭大部分地區被稱為高地，因為確實山多，而山多，耕地自然就少。因此，蘇格蘭的農業不可能發達。更糟糕的是，蘇格蘭的山往往直接綿延到海邊，即便是在海邊也沒有多少平原地帶，更沒有什麼天然良港。如果看一下地圖，你就會發現，蘇格蘭的海岸線特別長，而且很曲折，卻沒有大海港。

　　如果一定要找兩個民族和蘇格蘭人對標的話，那麼中國的溫州人和北歐的荷蘭人倒是很合適。這幾個地方的土地都不適合農

業耕種，不過正是因為有這樣的地理環境，這三個地方的人都富
有創業精神，很多人願意或者說不得不離開故土討生活。這也是
那些地區出了很多商人的重要原因。

在發生蘇格蘭啟蒙運動之前，整個英國已經完成了宗教改
革，甚至已經完成了資產階級革命，因此這場運動並沒有明確的
反對對象，只是蘇格蘭人要在近代社會中找到自己的定位，發揮
自己的作用。

**其次，這兩次啟蒙運動的主導者及其目的和做法不同。**

在法國啟蒙運動中，那些被我們看成旗手的思想家，有的是
貴族，比如孟德斯鳩；有的出身於富商或者官員家庭，比如伏爾
泰和達朗貝爾；有的雖然是平民，但也生活富足，比如盧梭長期
是貴婦人華倫夫人的情人，狄德羅也很富有，而且一直是上流社
會沙龍的座上賓。也就是說，法國啟蒙運動的思想家主要是具有
先進思想的社會上層人士。在具體做法上，法國的啟蒙思想家
都比較激進，他們寧願坐牢或者被驅逐也要激烈地反對教會和國
王，他們需要通過啟蒙運動完成反對教權和王權的雙重任務。

當然，在破的同時，法國啟蒙思想家也在立，這體現在孟德
斯鳩和盧梭等人對現代社會的構想中。盧梭的《社會契約論》和
孟德斯鳩的《論法的精神》邏輯非常嚴密，充滿了理性主義的光
輝。他們提出的社會契約論、三權分立等學說，至今依然是西方

世界國家政治體制的基石。但在當時的法國，這些啟蒙思想家顯然沒有施展政治抱負的空間。因此，對於這些理想該怎麼實現，他們也毫無經驗。

後來法國大革命期間的革命家，雖然讀的是啟蒙思想家的書，但在治理國家方面，他們完全是沒有經驗的小學生。於是在操作的過程中，美好的信念往往被執行走樣。還有更多的人只是聽到了幾句口號，就按照自己的意願隨意行事。等到雅各賓派上臺時，人人都說自己是尚‧雅克（盧梭全名為尚‧雅克‧盧梭）的學生，但他們絕大部分人根本就沒有讀過盧梭的書。

相比之下，蘇格蘭的啟蒙思想家大部分是平民。哈奇森出生於一個下層教士家庭，休謨出生於一個普通律師家庭，提出了「公民社會」這個概念的福格森原生家庭情況不詳，亞當‧斯密就更慘了，我們甚至不知道他的出生日期，只知道他父親是一位低級公務員，並且在他出生之前就去世了。

蘇格蘭啟蒙思想家的共同特點是每個人都學富五車，但在個人經歷方面沒什麼能讓歷史學家大書特書的事件。他們所做的事情，是在宗教定義的社會關係不再起作用之後，為人們尋找正常的人與人，以及人與社會之間的關係。他們既不反對教權，也不反對王權，甚至沒有什麼反對的對象，他們只是要通過改良社會來建立一個更公平、更好的社會。

在具體的做法上，蘇格蘭啟蒙運動推崇的是漸進式改革，更尊重英國的傳統和長期以來的治國經驗。他們強調尊重社會既有的風俗和習慣，而不僅僅是普世的原則。他們支持自由，卻不反對君主和貴族。更關鍵的是，雖然他們和法國啟蒙思想家都認同人和社會、國家的契約關係，但他們都強調社會要有法律和制度，凡事要在制度框架內進行，而不像後來法國大革命時期的革命家那樣鼓吹革命。不僅如此，蘇格蘭啟蒙思想家並不想拋開英國的傳統構建新的社會架構。因此，英國社會幾乎沒有發生歐洲大陸那樣的動盪，而是在不斷地進行改良。

**再次，在這兩次啟蒙運動中，全社會的參與程度不同。**

法國啟蒙運動可以說是一些菁英思想家用自己的思想啟發、教育下層民眾。在他們思想的形成過程中，有與學者的充分交流，有與上層人士的廣泛來往，但幾乎沒有和下層普通民眾的交流。所以，法國啟蒙思想家的姿態總是有些高高在上，底層民眾對他們的思想也沒有真正理解，在實踐中甚至有很多誤解。

打個不恰當的比方，這就如同一群學富五車、非常理性的學者努力把自己的知識教給不識字的民眾，試圖開啟民智，而百姓完全搞不懂那些道理，於是只好按照自己的理解隨意行事。

蘇格蘭啟蒙運動則不同，它是一個全民各階層參與的運動。蘇格蘭啟蒙運動能夠開展起來，一個重要的原因是蘇格蘭教育水

準很高。當時蘇格蘭有四所大學，而英格蘭只有牛津和劍橋兩所大學，歐洲大陸大學的數量也不多。蘇格蘭不僅大學數量多，而且大學注重的是實用教育。在當時蘇格蘭的大學，教授的大部分是我們今天所說的 STEM（即科學、技術、工程和數學）的課程和其他實用學科的課程，比如法學、醫學和經濟學。前面講過，對於學習、研究這些領域的知識，經驗主義的思維方式非常重要。與之相對，當時英格蘭的大學教授的主要是拉丁文和希臘文，因為它們培養的主要就是上層人士、少數科學家，還有傳教士。

此外，當時蘇格蘭不僅高等教育發達，普通教育也非常普及，大部分人都能識字。蘇格蘭有健全的職業教育系統，即便家庭收入不高，無法進入大學接受專業教育的年輕人，也能接受職業教育成為工匠。同時，蘇格蘭知識份子的地位很高，對社會的影響力比較大。這些知識菁英受到大眾尊敬，社會責任感也很強，他們強調民主、自由和公正，絕不是那種「精緻的利己主義者」。

在這種大背景下，18 世紀，由知識份子牽頭，蘇格蘭出現了各種學術圈子。當時，蘇格蘭的貴族、地主和商人都熱衷於資助各種學術團體和討論文化藝術問題的俱樂部。比如，愛丁堡有一個著名的擇優學會（The Select Society），亞當・斯密和他的老師弗格森都是會員；還有一個俱樂部叫撲克俱樂部（The Poker Club），但大家去那裡不是為了打撲克牌，而是為了討論哲

學和科學問題。在蘇格蘭的另一個大城市格拉斯哥，則有格拉斯哥文學社（Literary Society of Glasgow）、哲學學會（Philosophy Society）等等。

在整個蘇格蘭，到處都是這種異常活躍的思想傳播與論辯場所。廣泛的學術交流對啟蒙運動的產生和發展功不可沒。雖然啟蒙思想家大多是大學教授，但當時的蘇格蘭有數量眾多的民間學術和思想團體，裡面除了知識菁英，也有很多企業主、律師、醫生和普通民眾。所以，蘇格蘭啟蒙思想能更好地被普通民眾理解。相比之下，法國啟蒙運動的思想家集中在巴黎上流社會的沙龍中，普通百姓甚至政府官員都沒有參與的機會。

**最後，兩次啟蒙運動的結果不同。**

法國啟蒙運動和蘇格蘭啟蒙運動都起到了改變社會的結果。但是，法國社會的改變經歷了一番血雨腥風，中間還有幾次不得不回歸傳統，然後再度爆發新的革命。從 1789 年到 1848 年，法國社會動盪了 60 年才徹底安定下來。在這期間，每次革命的目標都是理性的，革命者對未來社會都有著精美的設計，但在實踐中一次次推倒舊制度的做法卻顯得很不理性。相比之下，蘇格蘭啟蒙運動則非常溫和。雖然它也旨在改良社會，但卻採用了一系列尊重傳統和經驗的和風細雨式的改良。由於有全社會的參與，蘇格蘭啟蒙思想可以不受阻礙地影響到英國上層的立法者和行政

官員，從而慢慢改變英國的國策，再慢慢改變英國社會。在這個過程中，我們看不到多少波瀾壯闊的歷史場景。這可能也是歷史學家很少花筆墨描寫蘇格蘭啟蒙運動的一個原因。不過，政治學專業的學者很少會低估蘇格蘭啟蒙運動的地位。

　　總的來說，兩次啟蒙運動的目的最終都實現了，但蘇格蘭啟蒙運動對社會的傷害小得多。可以說，法國啟蒙運動思想家是用理性為人類設計了一個理想社會，蘇格蘭啟蒙運動思想家則是指導人們根據經驗用行動構建出現代社會的基本形態。

　　當然，我並沒有要抬高蘇格蘭啟蒙運動、貶低法國啟蒙運動的意思。英國其實是占據了天時，當時它已經解決了宗教問題，也完成了光榮革命，是憲政國家了；法國則有各種先天不足，一次要解決太多問題，難度本來就很大。不過，英國尊重傳統的習慣，也是它一直能夠穩定發展、很少發生動盪的重要原因。它的這個特點也被人稱為英美特殊性，這也可以被看成經驗主義在國家和社會層面的一種體現。

**延伸閱讀**

◆ 美國：亞瑟‧赫曼，《蘇格蘭人如何發明現代世界》。

# 經驗主義的結晶：
# 英美特殊性的形成

　　近年來，「英美特殊論」這個詞經常出現在媒體上。這個詞其實由來已久，它最初是由法國著名政治學家托克維爾提出的。一開始，托克維爾講的是美國的特殊性，後來人們把它發展成了英美特殊論。直到今天，不少歷史學家和政治學家還在用它來說明，為什麼從英美得到的經驗在其他國家不適用。

　　那麼，英美究竟有什麼特殊性呢？

　　在美國生活過一段時間的人可能會有這樣一種感覺：它的測量單位與眾不同，太難用。的確，和全世界大部分國家都不一樣，英美，特別是美國，到今天依然在使用英制單位。我剛到美國的時候，每天早上起來看天氣預報，都要在腦子裡把華氏溫度轉化成攝氏溫度，這樣才能決定當天穿什麼衣服。

　　這還只是生活細節，如果看更大的方面，英美也有很多特殊的地方，比如它們的法律制度和體系。英美和英聯邦國家的法律是英美法系，也叫作判例法系。在這種法律體系中，最重要的不

是法條，而是歷史上的各種判例。你可能發現了，美劇和英劇中討論法律問題時，大家總會說各種案件，而不是哪一部法律，就是這個原因。相比於英美，其他國家都適用成文法，即有立法機關專門制定的法律條文。

在政治方面，英美是世界上少有的使用聯邦制的國家，且在基層採用地方自治的方式。比如，美國的州權力非常大，甚至可以制定自己的法律；英國的蘇格蘭和北愛爾蘭也是處於高度自治的狀態。

在商業方面，美英幾乎沒有國有企業。美國只有一家國有企業，就是美國郵政；英國雖然曾經有過國有企業，20世紀末也都私有化了。

當然，每個國家都有自己的特殊之處。但有意思的是，其他國家想要學習英美的經驗，往往難以成功，這時人們就會把這種現象和英美特殊性聯繫起來。而要真正理解英美的特殊性，就要從經驗主義入手。簡單地講，就是重視傳統，而傳統則是從歷史沿傳而來的。

我們先從國家體制和法律的角度來看看經驗主義對英美的影響。1066年，英國在諾曼征服[1]後立國，此後雖然有王朝的更替，

---

1 1066年，以諾曼第公爵威廉為首的法國封建主入侵並征服英國。

但那些王朝的統治者其實都有血親關係,只不過是在統治者沒了直系後裔,由外姓旁系繼承後換了一個家族名稱而已。由於孤懸海外,在諾曼征服後,英國就沒有受到過外來威脅,因此有一個安全的發展環境,可以慢慢發展。時間一長,各種傳統,包括思想、道德、風俗、藝術、制度和規範上的,也就因此而形成。英國從來沒有人來設計政體,如今的君主立憲制也是在漫長的歷史中慢慢形成的。比如,英國的兩院制最早可以追溯到 13 世紀,並且在 14 世紀已經成熟了起來,並非近代才出現。直到今天,英國也沒有人為制定的憲法,而類似於憲法的《大憲章》是 13 世紀時國王和貴族談判的結果,在隨後的一百年裡,也做了很多的修正。

美國雖然沒有那麼長的歷史,但它在很大程度上繼承了英國的傳統。18 世紀末,幾乎在同一時間段,爆發了影響世界歷史的法國大革命和美國獨立運動,因此歷史書常常把它們放在一起講,說它們都標誌著非貴族的資產階級政權在全世界開始確立。但回到當時的歷史中,這兩場革命的目的和性質完全不同。法國大革命是一場徹底推翻舊制度、建立理想社會的革命;美國獨立戰爭雖然也打了仗,卻沒有傷害民眾的生活。當年北美鬧獨立的人,並不是想推翻英國的制度,而是想過上和英國人一樣的生活。究其原因,美國國父一代人雖然也受到了法國啟蒙思想家的

影響，但他們受洛克、休謨和亞當‧斯密等英國思想家的影響更深。換句話說，他們受經驗主義的影響更深。

對於如何構建一個新國家，美國國父一代人最初都沒有明確的想法，基本上就是按照英國人的經驗來，美國憲法本身就是各方妥協的結果。雖然大部分代表都在這部憲法上簽了字，但大家都覺得不夠滿意。就連富蘭克林本人都說，不知道這部憲法能維持多少年。令人驚訝的是，後來美國憲法除了增加了傑弗遜堅決要求的十條修正案（人權法案），兩百多年來竟然幾乎都沒有改變過。至於英國的情況，就更離譜了，它到今天都沒有一部正式的憲法。如果一定要把《大憲章》說成英國的憲法，那也是妥協的結果。

不僅憲法如此，英國和美國也沒有民法典、刑法典這樣的大法典，甚至在很多領域都缺乏全國性的法律。我剛到美國時，有時不確定一件事能不能做，同學就讓我打電話問一下州法是怎麼規定的。這句話傳達出了兩個資訊：第一，沒有明確的聯邦法律；第二，各個州的規定也不同。美國有很多很奇葩的地方性法律。比如，麻薩諸塞州有一條法律規定，如果沒有把臥室的門窗關好，就不準打呼。這些奇葩的規定怎麼來的？通常就是有人為這件事打過官司，進而定下了這麼一條判例。

我剛到美國時對此很不習慣，後來越來越覺得判例法特別方

便，因為凡事有據可循，不至於大家對法律的解釋千差萬別，也不至於同樣的案子判出不同的結果。至於法律沒有覆蓋的地方，憲法第十修正案講得很清楚：法律沒有禁止，就默認是可以做的。如果將來發現問題，再通過一個新的判例糾正就好。美國並非完全沒有成文法，但它們最初也都是一些判例，只不過後來最高法院進行了歸納總結而已。

相比之下，法國法律的氣質就高大上很多了。拿破崙基於羅馬法的精神制定了《拿破崙法典》，有人說這是世界上設計得最完美的法典，充滿了人文主義精神和理性的光輝，還有嚴謹的邏輯性。法國法典代表的這一類法律就被叫做大陸法系。但是，大陸法系實行起來對法官的要求非常高，它的每個法條都像是科學領域的一個定律，怎麼解釋、怎麼應用都依賴於使用者的水準。相反，判例法就像是一個習題集，每一個判例就是一個例題，後面的人抄作業就好了。

**英美的法律制度又會進一步影響商業制度。**比如，出現了新型的糾紛怎麼辦？如果是在大陸法系的國家，這種情況很難辦，因為法律的制定速度通常趕不上商業的創新速度，出現糾紛很可能會無法可依。但在英美法系國家，這種情況處理起來就會容易一些，因為可以讓陪審團來作出判斷，即使沒有針對性的法律，陪審團也能夠根據生活經驗和常識作出判斷——在美國的訴訟中，

陪審團負責判定被告「有罪」還是「無罪」，法官負責具體量刑。舉個例子，在美國，上市公司財務造假會被判處非常重的刑罰，這就來自最早的一些判例。

美國企業的上市制度和其他國家也有很大的差別。美國採用的是註冊制（這是 20 世紀 30 年代美國在金融領域的一項改革舉措），對於要上市的公司沒有明確的門檻要求，你只要在證監會註冊，並且有人願意買你的股票就可以了。一套流程走下來，用不了 10 個月，非常便捷。英國雖然在證券市場上的做法沒有美國這麼靈活，但相比歐洲其他國家，也可謂寬進嚴出。英國之所以要脫歐，一個原因就是受不了歐盟對金融的監管。世界上其他國家大多採用的是審批制，對上市公司有明確的資格要求，公司上市本身就是一件很難的事情。看到這裡，有人可能會擔心，美國這種做法會不會讓騙子公司鑽漏洞？事實正相反，美國的股市是全世界回報最高、管理得最好的。而這不僅和英美法系的司法制度有關，也和它的市場糾錯機制有關。英美法系的司法制度前面已經講過了，那市場糾錯機制又是怎麼回事呢？美國不限制做空股票，更不限制股價下跌的門檻，因此但凡作假、盈利達不到預期的企業，股價一天下跌 90% 甚至更多是常有的事，長期股價低迷則公司就要退市。也就是說，它靠經驗的方法和市場的力量在不斷調整股市。1996 年以來，美國股市的公司數量從最高

峰的 8,000 多家減少到了 2020 年的 4,000 多家，股市的規模卻從 1996 年的不到 10 萬億美元漲到了 2021 年的 50 萬億美元。股市的繁榮，與它背後法律體系的嚴格監管以及市場糾錯機制是分不開的。

可以說，美國和英國在很大程度上是靠經驗來治國，誰當美國總統或者英國首相，對國家政策的影響都不會很大，因為他能做的只是在傳統和經驗的基礎上做一些微調。

英國和美國另一個特點是重視資本的力量，鼓勵工商業。從 15 世紀輸掉英法百年戰爭開始，英國就放棄了對領土的追求，轉而向海洋發展，並且發展成了一個貿易大國。在大航海時代，英國靠重商主義獲得了很多商業利益。說到重商主義，有人容易從字面上將它理解成單純重視商業。其實重商主義是指，一個國家通過盡可能多地生產產品，降低對外國供應商的依賴，實現貿易順差，囤積貴重金屬。在這個過程中，英國政府扮演著重要的角色，因此它有點像我們今天說的國家資本主義。

但是，重商主義會損害英國長遠的利益，因為世界各國都將是它的貿易對手。在蘇格蘭啟蒙運動期間，在工業革命尚未開始的時候，亞當‧斯密就看到了放棄貿易保護、宣導全球貿易的重要性。他反對由國家自上而下地主導貿易，強調「看不見的手」，相信市場本身對經濟的調節作用。這是對經濟法則的尊重，

也是現代商業社會的基礎。英國當時的首相小威廉‧皮特是亞當‧斯密的崇拜者，他在任上積極推動自由貿易政策，恢復了和美國的貿易；英國東印度公司長期壟斷對亞洲的貿易，皮特就在1784年發布的《東印度公司法案》（*The East India Company Act 1784*）中對它進行了改革。正是皮特對自由市場經濟堅定不移的支援，讓英國加速成為全球性帝國。美國在發展的過程中，學習了英國小政府大市場的做法，也成為一個以商業立國的國度。

　　相比法國、德國和俄羅斯等專門進行過制度設計的國家，英國和美國是靠不斷累積經驗、優化自身發展起來的。因此，時間一長，英美在政治、法律、商業和生活習慣上都和其他國家不一樣了，這就是所謂的「英美特殊論」，它其實是將經驗主義思想方法應用到社會問題上的結果。

　　最後，我要再次強調，經驗主義不意味著固步自封，而是用經驗不斷驗證我們的認知，然後獲得更加豐富、全面的經驗。

**延伸閱讀**

◆ 英國：J. C. 霍爾特，《大憲章》。

# / 結 語 /

今天了解兩三百年前的哲學思想依然很有意義，因為關於如何有效獲得知識的基本方法就是在那個時代總結出來的，此後哲學家和思想家的工作不過是在那個時代的基礎上進行微調。面對如今資訊超載的情況，我們每個人都希望有效地學習，更快地進步，而這就需要了解理性主義和經驗主義。

理性主義告訴我們，人類有能力通過理性認識世界，以及這個世界變化的規律。更重要的是，那些最基本、最常用的規律都是簡單的、可以重複使用的。經驗主義則告訴我們，世界是複雜的，很多事情不可能用幾個簡單的規律概括，我們必須不斷積累經驗。特別是在處理規則涵蓋不到的領域中的複雜問題時，更要靠經驗。

理性主義和經驗主義並不矛盾，它們只是有不同的適用場景。為了確保用對了方法，在遇到問題時，我們不妨採用「休謨的叉子」這個工具，把問題做一個分類，然後再選擇合適的方法去解決。此外，我們還要警惕理性主義在解決社會問題方面過於簡單化的危險。大部分時候，自然演變得到的結果，要比人們簡單依靠理性設計出來的結果好。

第 $4$ 章

超越庸常 成為「更高的人」

# 超越凡人：
# 尼采哲學的自由與創造

尼采的哲學思想充滿反思、挑戰和創新，
對後代的哲學家產生了深遠的影響

　　人類從近代以來的各種成就，包括科技的發展、工業革命的發生、藝術和文化的繁榮以及民主制度的確立，都和理性運動有關。不過，到 19 世紀末，理性運動似乎走到了盡頭。這倒不完全是因為「理性」的基石——邏輯，不能解決所有問題，更是因為人類社會在工業化的同時忽略了人自身的很多問題，特別是關於人的價值的問題。發展科技和工業原本是為了讓人們過得更好，在最初的一百多年裡，也確實做到了這一點。但到 19 世紀末，工業化的問題逐漸顯現出來，特別是社會對效率和利潤的追求對人的價值形成了挑戰。於是西方世界的思想領域再次轉向，包括黑格爾、叔本華和尼采在內的一些哲學家，一改之前培根、笛卡爾、萊布尼茲、休謨和康德等人關心方法論的做法，把關注點放在了歷史、社會和人本身上面。用黑格爾的話講，哲學也將達成它最後的目標：對包羅萬象的歷史與人性產生完全的理解。

　　關於人的哲學，我們重點談談尼采。一方面是因為尼采對今天社會的影響非常大，今天大家常用的很多金句都來自尼采；另一方面是因為尼采曾經幫助我走出生命的低谷，重新塑造了我。而關於哲學本身的問題，我們不能不談到維根斯坦。

# 解密尼采：
# 探尋哲學巨擘的智慧

　　尼采對西方 20 世紀後的社會、文化和思想影響極為深刻。比如，在存在主義等哲學思潮、奧地利音樂家荀白克等人的現代音樂，以及著名舞蹈家伊莎朵拉‧鄧肯等人的表演藝術中，都可以看到尼采思想的影子。而我接觸到尼采，正是在我的身體狀態和心情處於最低谷的時候。在這種情況下，人通常會沉淪，但也會花很多時間思考。那時我讀了很多書，包括尼采的著作。得益於尼采的思想帶來的啟發，我走出了困境。今天很多人都會面臨心靈上的問題，而尼采就為我們提供了一套哲學和思想上的工具，能幫助我們擺脫這些問題。

　　尼采的思想並不好理解，這一方面是因為尼采的書不像之前哲學家的書那樣富有邏輯性，另一方面是因為要讀懂尼采的思想，就需要對歐洲的文化和歷史有所了解，否則很容易產生片面的理解和誤解。在歷史上，納粹就曾經借用尼采的思想宣傳自己的理念，因此也有人說尼采是一名危險的思想家。不過，如果真

正了解了歐洲的歷史和尼采的思想，你就會知道這種理解只是一種斷章取義。

在介紹尼采的思想之前，我們先來了解一下尼采這個人。

## 尼采和叔本華

1844 年，尼采出生於今天德國城市萊比錫附近的一個小鎮。當時德國還沒有統一，這個小鎮實際上處於普魯士的管轄之內。尼采的全名是弗里德里希・威廉・尼采，其中「弗里德里希」這個名字就來自普魯士國王腓特烈・威廉四世——在德語中，「弗里德里希」和「腓特烈」其實是同一個詞。

尼采的父母篤信基督教的路德宗（基督教新教的一支），父親希望他能成為一名牧師，但他對音樂、藝術和詩歌更感興趣。尼采的音樂造詣極深，他對華格納音樂的評論非常到位，而且還自己創作過音樂。從這裡就可以看出，尼采身上有著濃厚的藝術氣息，而這也體現在他的著作中——比起嚴謹的哲學論文，尼采的很多著作都更像是散文或者詩歌。

1864 年，尼采 20 歲，他進入德國的波昂大學，並且在 1865 年研讀了德國哲學家叔本華的許多著作，這可能是第一個對尼采產生了重大影響的哲學家。叔本華主張唯意志論，在其著作《作

為意志和表象的世界》中，叔本華把世界分成了表象和意志兩部分，不過他認為世界在根本上是意志的。

從某種程度上說，叔本華的思想和柏拉圖講的二元世界有點類似。在柏拉圖的思想中，存在理念世界和現象世界的區分，二者之間由理念作為橋樑；叔本華也是把理念作為意志世界和表象世界的橋樑。不過，兩人思想的不同之處在於，他們所理解的「理念」是不同的。叔本華講的理念能夠通過感知來獲得，柏拉圖說的理念則要依靠純粹理性的思考和推理來觸及。因此，叔本華更強調藝術和藝術審美對認知的作用，柏拉圖則更強調基於概念和邏輯的思考。

叔本華對尼采的影響是全方位的，其中最主要的有兩點。

其一，叔本華讓尼采看到了人生悲劇的底色，並且讓他關注到了意志對人的作用。不過，與叔本華消極人生觀有所不同，尼采還看到了人積極的一面。叔本華認為，人生就是痛苦的，對此我們似乎無法改變；但尼采認為，**生命存在無限可能，我們應該積極去創造。**

其二，叔本華啟發了尼采思考非理性的藝術等因素對感知世界的作用。

在哲學史上，從康德到黑格爾的德國古典主義哲學都強調理性的作用。再往前追溯，從古希臘的蘇格拉底、柏拉圖到中世紀

的奧古斯丁和阿奎那，再到歐洲近代的笛卡爾、牛頓等人，他們的理性主義思想是一脈相承的。近代化和工業革命本身就是理性主義的勝利。但是到 19 世紀末，理性主義思想開始遭遇困境，因為通過理性構建的社會發生了異化，反過來否定了人的自由和價值，讓人成了機器和工業社會的附庸。和理性相對的顯然是非理性，於是一部分思想家開始探索從非理性的那一面去理解人和世界。尼采就屬於這一類思想家。

不過，在尼采活著的時候，他的哲學思想在西方並沒有什麼市場。這也不難理解。畢竟，我們既可以說尼采的哲學獨樹一幟，具有顛覆性色彩，也可以說他離經叛道。無論是讀尼采後期寫的書，還是讀他的摯友布蘭德斯寫的《尼采》一書，我們都會有這樣一種感受：尼采很清楚當時的人不理解他，但他堅信後人會理解他。這種自信通常只有哲學家才有。不過，不被人理解也就罷了，更糟糕的是，很多人會曲解他的思想。後來納粹就是這樣把他的哲學改造成自己的理論基礎的。

## 尼采、華格納和普法戰爭

1867 年，尼采在波昂大學學習了三年後自願去參軍了。那時他還年輕，對戰爭沒有什麼了解。1868 年，尼采因為遭遇車禍而

退役。此後，他開始潛心研究哲學，並且在瑞士的巴塞爾大學任教。在這段時間，他認識了音樂家華格納，並一度成為摯友，兩人的相遇被後人稱為「偉大命運的邂逅」。

華格納在歷史上有兩重身分。他首先是浪漫主義的音樂巨匠，把歌劇藝術推向了最高峰，他在歌劇藝術上達到的高度至今都令人難以超越。他的歌劇大多是在謳歌英雄，突出人性的光輝，結局通常是英雄通過犧牲自我換取一個新世界的到來。此外，華格納還是一個德意志民族主義者。

在長達千年的時間裡，德意志民族一直沒有一個統一的國家，他們生活在東歐、中歐，再到部分西歐的廣大地區。在文藝復興和宗教改革時期，德意志地區比英國、法國和西班牙等歐洲國家更早地產生了新思想，並且成為歐洲一個富庶且自由的地區。但是，隨後的三十年戰爭改變了德意志地區的歷史軌跡。當時統治那裡的神聖羅馬帝國戰敗，德意志地區進一步陷入四分五裂的狀態，然後一直被周圍強大的君主國欺負。不過，德意志民族並沒有因此覺醒。直到拿破崙戰爭之後，德意志民族因為飽受外來入侵，才有了強烈的民族意識，當時的知識菁英就特別渴望建立一個統一的大帝國。

後來，這種情緒發展成了德意志民族的民族主義。從費希特到黑格爾，德意志民族每一代思想家要崛起的使命感都特別強

烈。比如，黑格爾就堅信，「德國的時刻」將會來到，它的使命
將是振興世界。華格納也有這樣的思想。今天，哪怕是一個對音
樂不太熟悉的人，聽到華格納歌劇中那些宏大的序曲，也會感覺
到英雄的偉大和凡人的渺小。

尼采早期也被華格納歌劇中的英雄和華格納本人打動，他在
自傳《瞧，這個人》中寫道：「我們的天空萬里無雲，沒有華格
納的音樂，我的青春簡直無法忍受。」在第二次世界大戰期間，
華格納的音樂被納粹用來宣傳泛日爾曼主義（即泛德意志主義）。

尼采有沒有受到華格納德意志民族主義的影響呢？ 20 世紀
初的德國民族主義者會宣揚這一點。不過，如果了解尼采的生活
軌跡和他思想變化的全過程，就會發現這是對他的刻意曲解。年
輕時的尼采或許有德意志復興的情結，但一場戰爭改變了他的想
法，那就是曾經讓德國人引以為傲的普法戰爭。

在巴塞爾大學任教期間，尼采就宣佈放棄了普魯士公民權。
也就是說，這位後來被納粹德國奉為「神明」的哲學家，其實直
到死一直是一名無國籍人士。不過，當 1870 年普法戰爭爆發時，
尼采這位大學教授還是申請參軍，作為醫護兵參加了這場戰爭。

參加這場戰爭給尼采帶來了三個結果。首先，尼采的身體本
來就不好，而參加這場戰爭讓他的身體進一步被搞壞了。其次，
尼采不再認可德國發動戰爭的正當性，這一點後來的納粹從來不

願意提及。最後，也是最重要的，尼采認識到，德意志文化發展最大的威脅並非來自法國，而恰恰來自它本身在軍事和政治上的勝利。這和當時德意志的主流思想是相悖的。

當時人們普遍認為，如果沒有普魯士的軍國主義，德意志文化就早就從地球上消失了。但尼采指出，政治和軍事上的勝利不僅不能帶領德意志民族發展出更先進的文化，反而有可能制約文化的發展。此外，在普法戰爭勝利後，德意志地區的很多日爾曼人認為自己的文化已經超過了法國。尼采則指出，德意志文化的底蘊相比法蘭西還差得遠。

在《德國歷史中的文化誘惑》一書中，德國作家沃爾夫‧勒佩尼斯客觀評述了當時法國和德國的文化，並且引述了尼采的觀點。尼采在很多著作中表達過，仗雖然是德意志打贏了，但在文化上依然是法蘭西更先進。

19 世紀，德意志的民族主義情緒高漲，他們原先有一種自卑感，此時這變成了他們自強的動力，然後又轉到另一個極端，瞧不起歐洲其他民族，特別是拉丁民族（比如法國人），認為自己的民族更優越。在這種環境下，尼采是難得能保持客觀冷靜的人。因此，第二次世界大戰前，納粹用尼采的哲學把軍國主義和德意志文化綁在一起宣傳是一件非常荒謬的事情，畢竟這恰恰就是尼采所反對的觀點。

## 尼采的思想

1870 年，尼采回到巴塞爾大學繼續當教授。1872 年，他出版了自己的第一部著作《悲劇的誕生》。嚴格地講，這本書不是標準的哲學作品，很多人把它看成關於藝術和美學的作品。但是，這本書奠定了尼采哲學思想的底色，他的非理性主義和唯意志論的思想，甚至後來的超人哲學，在這本書中都已初見端倪。在《悲劇的誕生》中，尼采提出了「酒神精神」。今天，這被認為是對理性主義的否定。那麼，具體什麼是酒神精神呢？在希臘神話中，有太陽神和酒神，他們都是眾神之王宙斯的兒子。酒神戴歐尼修斯代表生命力、戲劇、狂喜和醉酒，太陽神阿波羅則代表理性、詩歌、音樂和光明。尼采用酒神精神指代人精神上非理性的那一面，用太陽神精神指代人理性的那一面。

可以說，從 17 世紀開始，歐洲就進入了理性時代。尼采認為，這個時代是由阿波羅精神主導的，人們強調理性和秩序。實際上，我們今天看到的各種勵志文章，各種宣傳科技永遠會進步、永遠會讓世界變得更好的資訊，都是阿波羅精神的體現。尼采講，太陽神是一種形式美，有節制和對稱，是分析和分辨。太陽神精神象徵的是形式主義、古典主義和視覺藝術。

但是，人畢竟也有酒神戴歐尼修斯的一面。比如，我們某天

感覺很累，其實就是因為我們身上的太陽神精神不足以支撐自己全部的活動。我們感到孤獨、無助，想努力改變自己的階層地位卻舉步艱難，更不要說走出命運所安排的宿命了，這是人生苦難和悲劇的一面。古希臘人早就意識到了這一點，因此他們認為悲劇是人生的底色，而酒神就代表著悲劇的藝術。所謂酒神精神，就是要讓人們打破禁忌，解除一切束縛，消弭人與人之間的界限，甚至放縱慾望，復歸自然。

尼采雖然贊同叔本華的悲劇人生觀，但他對人生苦難的態度是積極的。尼采指出，悲劇藝術的目的是讓人感知到某種神聖的東西，去化解苦難，獲得歡樂，唯有藝術能做到這一點。

尼采的思想當然也有它誕生的時代背景。19 世紀下半葉，理性主義在歐洲依然盛行。自牛頓以來，整個歐洲科學革命和工業革命的成就都被認為是理性主義的勝利。但是，也有理性主義解決不了的問題。以尼采為代表，從 19 世紀下半葉開始，西方思想界開始反思理性主義，很多思想家也開始重新思考「人」本身。當然，這個問題並沒有一個標準答案，但很多哲學家、政治家和革命者都提出了有價值的觀點。這裡，我們重點介紹尼采觀察到的現象和他給出的解決方案。

尼采觀察到，在當時的歐洲，傳統的基督教價值觀已經搖搖欲墜了。很多人認為，只要擺脫了基督教的束縛就能獲得自由。

但人們很快就發現，擺脫基督教的束縛後，自己站在了一片荒原之上，雖然很自由，卻找不到前進的方向。尼采認為，很多人的精神世界因此充斥著軟弱和虛偽，很多人所謂的道德只不過是虛偽的表現。他最著名的那句「上帝死了」，其實就是在說那些虛偽的道德和價值已經不起作用了。對此，尼采提出的辦法是，人應該向內，從人本身的存在尋找答案。

尼采認為，人應當昭示自己的天性，因為人天生就是有德性的，只是很多人的德性被後天的虛偽思想掩蓋了。真正的強者，是在世人都變得庸俗、盲從時，掌握自己自由的意志。也就是說，通過自己精神的昇華，拯救自己的苦難，這在後來被稱為「超人哲學」。從這裡不難看出，尼采的哲學雖然有悲觀的底色，卻也充滿積極昂揚的精神。

尼采的想法有沒有道理呢？它肯定不是絕對正確的，但確實很有價值。很多人反對尼采的思想，是因為覺得他把人分成了三六九等，分成了超人和凡人，但這其實是從字面膚淺地理解「超人」這個詞的結果。尼采說的超人並非電影裡的超級英雄，「超人」裡的「超」也不是「超級」的意思，把它理解成「超越」可能更準確一些。後來的一些思想家，比如存在主義的代表人物沙特，就保留了尼采思想中積極的因素，強調**每個人在根本上都是自由的，強調每個人的內在價值——就是尼采思想的精髓。**

經過了一個多世紀，尼采的著作依然有廣大的讀者，這主要是因為他的思想依然具有現實意義。

簡單地回顧歷史就能發現，西方國家在工業化剛起步時，理性主義思想在全社會占上風，否則工業化也很難成功。但再往後，就容易遭遇尼采的時代所遇到的困境：一方面，人成為工業化的工具，感到失去了人生的意義；另一方面，工業化的發展又催生出物質主義和拜金的思想潮流，很多人變得市儈而又虛偽，社會變得浮華而又喧囂。

在這種困境中，各種各樣的人生雞湯也會應運而生，不過人生雞湯並不能解決問題。這種現象在本質上就如同英國詩人柯勒律治所講的，「到處都是水，卻沒有一滴可以喝」。

尼采正是在這種背景下提出了他的觀點，也就是保持精神的積極與昂揚，超越他人，超越自我。我個人不太喜歡用「超人」這個說法，因為這容易讓人產生誤解；但這個概念所強調的內心強大、不盲從、敢於冒險、不怕失敗的精神特質，確實是一個人應該擁有的。

到了 20 世紀，隨著技術的發展，人們的生活變得更加容易了。但是，各種頹廢的思潮也更容易通過發達的媒體觸及廣大的人群，以至於許多人陷入了娛樂至死的困境。這就如同歷史的輪迴，人們又遇到了一個多世紀前的問題，於是又回到尼采的哲學

中尋找答案。當然，歸根結底，尼采的哲學講的是人本身的問題，以及每個人都會遇到的困境，而這些問題都是人類的終極問題，是每一代人都會遇到的。

幾十年前，當我自己在精神上遭遇困境時，我讀到這樣的思想也備受鼓舞。人在遭遇困境時，通常有兩種選擇，一種是就此躺平，放棄努力；另一種是站起來，頑強地與困境抗爭。雖然抗爭可能很艱難、很不舒適，但人只有站起來，才能彰顯自己內在的價值，而這也正是尼采最基本的主張。

接下來的幾節，我們就來具體地看看尼采的三個重要的觀點——上帝死了、主人道德和奴隸道德說，以及超人學說。很多人都聽說過這三個說法，但絕大多數人的理解都停留在字面上。這樣的理解不僅無益，而且有害。因此，我們需要回到尼采的著作，看看他究竟是怎麼說的。

**延伸閱讀**

◆ 丹麥：喬治·布蘭德斯，《尼采》。

◆ 德國：尼采，《悲劇的誕生》。

# 「上帝已死」
# 人該怎麼辦？

　　尼采說「上帝已死」，究竟是想表達什麼？單從字面上看，你可能會覺得尼采是在批評基督教，說基督教衰落了。但是，事情沒有這麼簡單。「上帝已死」這句話其實是尼采哲學的一個前提假設，或者說是尼采對當時社會情況的一個概括。我們不妨先來看看尼采自己是怎麼說的。

　　尼采最早講到「上帝已死」這件事，是在他 38 歲時出版的《快樂的科學》一書中。在書中，他講了一個故事，你能從這個故事中充分體會到尼采文字與思想的魅力和震撼，但故事有點長，所以我把原文附在了這一小節的末尾。如果你有興趣，不妨翻到後面閱讀一下，相信你一定會受益良多。

　　故事是這樣的：一個瘋子在大白天手提燈籠，跑到市場上呼喊「我找上帝！我找上帝！」[1] 此時，市場上剛好聚集著一群不信

---

1 德國：尼采，《快樂的科學》。黃明嘉譯，灘江出版社 2007 年版。本節其他引自該書的內容，也選自這個版本。

上帝的人，於是他們都嘲笑這個瘋子。有人問，上帝失蹤了嗎？
有人問，上帝像小孩一樣迷路了嗎？還是說上帝躲起來了？

　　瘋子跳到這群人中大喊：「上帝哪兒去了？讓我告訴你們吧！
是我們把他殺了！是你們和我殺的！咱們大夥兒全是兇手！」然
後，尼采借瘋子之口，用很大的篇幅渲染了上帝死後的狀況，
比如「地球會離開所有的太陽嗎？」、「我們會一直墜落下去
嗎？」、「是不是一直是黑夜，更多的黑夜？」等等。

　　然後，瘋子又大聲控訴：「誰能揩掉我們身上的血跡？用什
麼水可以清洗我們自身？」接著瘋子又說：「這偉大的業績對於
我們是否過於偉大？我們自己是否必須變成上帝，以便顯出上帝
的尊嚴而拋頭露面？從未有過比這更偉大的業績，因此，我們的
後代將生活在比至今一切歷史都要高尚的歷史中！」

　　這樣聽下來，你可能也會覺得瘋子的話是自相矛盾的。但尼
采在書中寫道，四周的人都沉默了，異樣地看著這個瘋子。結果，
瘋子把手裡的燈籠摔在地上，說：「我來得太早，來得不是時候
……凡大事都需要時間……但是，總有一天會大功告成的！」

　　這個故事到底是什麼意思？很顯然，這裡的上帝不是基督教
教義中的那個上帝。尼采其實是用「上帝」代表傳統的權威和既
定的信仰，也代表著我們原本習以為常的道德和社會習慣。這些
權威、信仰、道德和社會習慣曾經是整個社會的精神支柱，但隨

著傳統社會的逝去和工業文明的發展，人們發現過去這些支撐人們的東西已經都不管用了。所以尼采說，是人們自己在不知不覺中殺死了上帝。其實，故事中那個瘋子就是尼采的化身。尼采也很清楚，他來得太早了，很多人根本就還沒有意識到「上帝已死」這件事，而尼采卻將它大聲呼喊出來了。

看到這裡，你是否會覺得這個故事有似曾相識的感覺？如果讀過魯迅先生的《狂人日記》，你就能體會到這兩個故事的相似性。事實上，魯迅先生早期就深受尼采的影響。

在很多人還沒有意識到傳統的一切都將消失，人們將進入一種思想上的虛無狀態時，尼采就看到了這一點。面對這種處境，尼采又提出了怎樣的應對策略呢？大致上可以總結為三個要點。

**第一，意識到真相。**

尼采認為，無論是柏拉圖描述的理念世界，還是基督教說的天國，又或者是理性主義講的永恆的道德和秩序，都只是人類的產物，並沒有終極的客觀性。當它們被推翻，或者說「上帝被殺死」之後，人類的精神世界就會失去方向，人們會茫然不知所措，以至於出現虛無主義。尼采通過瘋子之口講的那段上帝死後混亂不堪的景象，就是人類在精神世界迷失方向後的表現。

「五四運動」前後，魯迅那一代中國文化菁英中的不少人都深受尼采影響，因為他們和尼采面臨著類似的時代背景：舊的儒

釋道哲學和宗法制度被推翻，人們在精神上失去了方向，不知該何去何從。從魯迅的《吶喊》、《彷徨》等作品中，都能看出。

**第二，重估一切價值。**

尼采相信，即使虛無主義來臨，人們也能憑藉對過去價值的重估，建立起新的價值體系，獲得生存下去的理由。他特別強調要摒棄對「絕對的對與錯」的追求，不能像過去那樣渴望信奉一些所謂的永恆價值，因為「絕對的對與錯」和「永恆的價值」可能只是被虛構出來的。

從這一點可以體會到尼采哲學中的非理性主義元素，因為尼采所批評的「絕對的對與錯」和「永恆的價值」，正是很多理性主義思想流派的主張。比如，柏拉圖的理念論主張理念是永恆不變的、完美的真實存在。再比如，後來的基督教哲學主張絕對的善惡觀。正是為了反對這些理論，尼采才會提出我們應該重估所有價值，打破那些虛假的思想。

尼采對非理性因素的推崇對後世影響深遠，在西方 19 世紀末和 20 世紀初的藝術和音樂中，都可以看到尼采思想的影響。

**第三，雖然虛無主義已經降臨了，但我們應該秉持一種「積極的虛無主義」。**

看了前面的介紹，你可能會覺得尼采好像在批評虛無主義。但實際上，尼采認為虛無主義有兩種，一種是消極的虛無主義，

另一種是積極的虛無主義。尼采批評的柏拉圖主義、基督教哲學，還有叔本華的悲劇哲學，都是消極的虛無主義，會使人走向悲觀和逃避。而積極的虛無主義，就是在否定了過去那些虛構出來的「永恆價值」後，還能憑藉自身建立起新的價值。也就是說，上帝已死並不是一件可怕的事情，人們應該通過重新賦予生活意義來克服虛無主義，獲得自由的精神。

在我離大學畢業還有兩年的時候，我通過尼采接觸到「積極的虛無主義」的概念。我因此懂了不久之後自己將要面對一個陌生的世界，而過去十幾年習慣的學校裡的價值體系可能不適用了，今後要憑自身建立新的價值原則。相比於絕大部分人，我覺得自己非常幸運，能夠在二十來歲的時候體會到這一點。尼采的思想還提醒了我，不要盲目迷信所謂的知識或真理，不要盲從宗教或道德權威，應該根據自己的心性發現事物的本來面目。

從時代的變化來看，每一代人都要經歷「前一個上帝已死，要重估一切價值」的過程。一個人長大後，小時候父母灌輸的價值觀可能就不再適用了，這時他就要重估各種價值。因此，社會的發展永遠是一個拋掉原先很多傳統觀念、重建價值體系的過程。人生也是一樣，我們每過幾年都會遇到思想的危機，所以我們要盡早拋掉虛構出來的「永恆價值」，憑藉自身建立新的價值。

**延伸閱讀**

♦ 德國：尼采，《快樂的科學》。

《快樂的科學》原文節選：

　　你們是否聽說有個瘋子，他在大白天手提燈籠，跑到市場上，一個勁兒地呼喊：「我找上帝！我找上帝！」那裡恰巧聚集著一群不信上帝的人，於是他招來一陣哄笑。其中一個問，上帝失蹤了嗎？另一個問，上帝像小孩迷路了嗎？或者他躲起來了？他害怕我們？乘船走了？流亡了？那撥人就如此這般又嚷又笑，亂作一團。

　　瘋子躍入他們之中，瞪著兩眼，死死盯著他們看，嚷道：「上帝哪兒去了？讓我們告訴你們吧！是我們把他殺了！是你們和我殺的！咱們大夥兒全是兇手！我們是怎麼殺的呢？我們怎能把海水喝乾呢？誰給我們海綿，把整個世界擦掉呢？我們把地球從太陽的鎖鏈下解放出來，再怎麼辦呢？地球運動到哪裡去呢？我們運動到哪裡去呢？離開所有的太陽嗎？我們會一直墜落下去嗎？向後、向前、向旁側、全方位地墜落嗎？還存在一個上界和下界嗎？我們是否會像穿過無窮的虛幻那樣迷路呢？那個空虛的空間是否會向我們哈氣呢？現在是不是變冷

了？是不是一直是黑夜，更多的黑夜？在白天是否必須點燃燈籠？我們還沒有聽到埋葬上帝的掘墓人的吵鬧嗎？我們難道沒有聞到上帝的腐臭嗎？上帝也會腐臭啊！上帝已死！永遠死了！是咱們把他殺死的！我們，最殘忍的兇手，如何自慰呢？那個至今擁有整個世界的至聖至強者竟在我們的刀下流血！誰能揩掉我們身上的血跡？用什麼水可以清洗我們自身？我們必須發明什麼樣的贖罪慶典和神聖遊戲呢？這偉大的業績對於我們是否過於偉大？我們自己是否必須變成上帝，以便顯出上帝的尊嚴而拋頭露面？從未有過比這更偉大的業績，因此，我們的後代將生活在比至今一切歷史都要高尚的歷史中！」

瘋子說到這裡打住了，他舉目四望聽眾，聽眾默然，異樣地瞧他。終於，他把燈籠摔在地上，燈破火熄，繼而又說：「我來得太早，來得不是時候，這件驚人的大事還在半途上走著哩，它還沒有灌進人的耳朵哩。雷電需要時間，星球需要時間，凡大事都需要時間。即使完成了大事，人們聽到和看到大事也需要假以時日。這件大事還遠著呢！比最遠的星球還遠，但是，總有一天會大功告成的！」

人們傳說，瘋子在這一天還闖進各個教堂，並領唱安靈彌撒曲。他被人帶出來，別人問他，他總是說：「教堂若非上帝的陵寢和墓碑，還算什麼玩意呢？」

# 主人道德和奴隸道德
# 是什麼？

尼采要打破過去的所有價值，那怎麼建立起新的價值呢？我們又要建立起怎樣的新價值才能獲得自由的精神呢？這就要說到尼采的另一個重要思想了，那就是「主人——奴隸道德說」。

「主人——奴隸道德說」最早出現在《善惡的彼岸》一書中，這是尼采在 42 歲，也就是 1886 年出版的一本著作。後來，在 1887 年出版的《道德譜系學》一書中，尼采又對該理論進行了更全面的闡述。不過，在介紹這個理論之前，我們要先對尼采所說的「道德」做一個解釋。

尼采所說的道德，並不是指我們常說的人們約定要尊重的準則和行為規範，而是指人對世界的態度，或者說世界觀，以及在此之上形成的文化。尼采認為，道德可以分為兩種，分別是主人道德和奴隸道德。

在尼采看來，價值觀有好與壞的分別，凡是有助於自身追求卓越和超越自我的，就是好的價值。比如，高貴、堅強、強大都

是好的，他把具有這種價值觀的人稱為主人。主人所具有的道德自然就是主人道德。如果一個人秉持主人道德，就要追求思想開闊、勇敢、誠實、守信，對自己的自我價值有準確的認識。

尼采認為，與上述價值相對應的軟弱、懦弱、膽小、小氣等就是壞的，有這種價值觀就是精神上的奴隸的特徵。奴隸對應的道德就是奴隸道德，具有這種道德的人遇事只是被動反應，他們是悲觀主義者和犬儒主義者。不過，秉持奴隸道德的人並不只是逆來順受，他們其實也在小心翼翼地通過求得強者的憐憫或者腐蝕強者來獲得權力。比如，一個秉持奴隸道德的人可能會利用遊戲規則的漏洞來謀求自己的利益。用俗話講，就是在底下玩陰的，不光明正大。尼采用「實用性」來形容具有奴隸道德的人。相反，具有主人道德的人是有原則的。

舉兩個生活中的例子來說明一下。面對孩子升學的壓力，如果父母堅持按照孩子本人的特點將他培養成才，不在意別人的議論，而且絕不做任何違規的事情，這就是主人道德的體現。但是，如果父母不顧孩子的個人特點和需求，盲目追隨潮流去「雞娃[1]」，甚至為了分數投機取巧，這就是奴隸道德的體現。類似

---

1 網路用語，意指望子成龍的父母給孩子施加極大壓力，甚至不擇手段，要求孩子取得好成績的行為。——編者註。

地，如果一個人對待周圍的人大大方方、坦坦蕩蕩，總是本著合作的精神去解決問題，這就是主人道德的表現；但如果一個人篤信厚黑學和叢林法則，總是相信陰謀論，這就是奴隸道德的表現。

此外，關於主人道德和奴隸道德，還有幾點需要注意。

首先，尼采所說的「主人」和「奴隸」並不是指一個人在真實世界中的身分，與一個人的身分高低、財富多少也沒有關係。**一個人秉持哪種道德，並不取決於他的身分地位，而是取決於他行為中所蘊含的心態。**一個獨斷專行的國王，也可能被奴隸道德控制，因為他的所作所為可能是由怨恨和報復之心推動的，而非由光明正大的信念推動。相反，一個身處底層的貧民，也完全可能擁有主人道德。如果他總是自我肯定、主動積極地去做事情，他就具有主人道德。如果通讀過尼采的著作，你就會發現他多少有一些貴族情結。雖然尼采一生都不富裕，但他始終都是精神上的貴族。這種精神貴族的表現和中國古代的士有很多相似之處，他們追尋的都是更崇高的理想信念。

其次，雖然尼采更欣賞主人道德，但他也認為奴隸道德中具有的韌性是值得肯定和學習的。在他看來，秉持奴隸道德的人雖然逆來順受，但生命力頑強。人最好是能具有主人道德，大大方方地對人，遵守規矩做事。不過，如果你注意過自己身邊的情況就不難發現，一個遵循某種道德原則做事的人，即便他遵循的道

德原則是奴隸道德，也總比沒有任何道德原則的人要好些。有些人完全沒有道德原則，看似身段柔軟，但在需要作出選擇時，他們總是會選擇最壞的結果，並且最終半途而廢，或者總是原地轉圈，因為他們只能看到眼前的利益。一個人但凡要做成一件事，但凡想走得遠一點，或者找到一些夥伴一同做事，就一定要堅持一些道德原則。

最後，尼采講的主人道德和奴隸道德的部分內容已經過時了，在讀他的書時要注意這一點。比如，在人類歷史上，直到尼采所處的時代，世界上發號施令的人一直是少數人，服從的人占大多數。尼采講，「在自有人類以來的一切時代，均有人類群盲[1]（宗族、鄉社、部落、民眾、國家、教會），並且總是有跟為數甚少的命令者相比非常之多的服從者」。[2] 因此，尼采認為大多數民眾是逆來順受的，他們樂意接受一個強人或者明君的安排。但在今天，這種情況已經發生了改變。

關於「主人道德」，有人會覺得「主人」這個詞聽起來有點傲慢。結合上下文來看，我倒不覺得這個詞傲慢。就我個人而言，擁有主人心態是一件好事，它不需要豐厚的物質條件和很高

---

1 群盲的成員依附於一個群體，讓這個群體來為自己代言。
2 德國：尼采，《善惡的彼岸》。趙千帆譯，商務印書館 2015 年版。

的社會地位，重要的是做人的原則和對世界的態度。不過，相比於尼采講的「主人道德」和「奴隸道德」，我更願意用「主動心態」和「被動心態」來區別。對個人而言，能夠做到以積極的態度去生活，賦予生命新的意義，以主人翁的心態看待問題、解決問題，就是真正理解了「主人──奴隸道德說」。

　　今天，在全世界的範圍內，人們的物質生活水準已經比尼采所處的時代高出很多倍了。但是，這並沒有改變很多人精神匱乏、道德淪喪的問題。對金錢的過度崇拜導致很多人沒有原則，做事不擇手段，似乎想要堂堂正正做人比尼采所處的時代更困難了。同時，我們身處網路時代，獲取資訊比以前任何一個時代都容易，但很多人也因此失去了自我和創造力，娛樂至死的現象比以往任何時代都更普遍。尼采的哲學雖然有些方面有點極端化，但貫穿始終的是他對人生意義和個人價值的肯定，以及讓人們以主人的心態面對社會。人在成了主人之後，接下來要做的就是超越自我。

**延伸閱讀**

◆ 德國：尼采，《善惡的彼岸》。

# 尼采的超人之路：
# 成為更高之人

　　尼采的著作中，最有代表性的一部是《查拉圖斯特拉如是說》。這是尼采後期的作品，那時，他已經基本上切斷了與叔本華的哲學聯繫。如果說之前尼采還對人生悲劇有一些悲觀情緒，那麼到了寫作這本書時，他已經以「超人哲學」找到了積極對待人生悲劇的答案。

　　尼采年輕時身體就不好，後來又因為在普法戰爭期間參軍而讓身體狀況惡化了，此後他時常被病痛折磨。到三十多歲時，他每天一起床就處於渾身被病痛控制的狀態。尼采不善交際，一生都沒有太多朋友，特別是在和華格納分道揚鑣之後，他的朋友更是所剩無幾。在尼采晚年，丹麥著名文學評論家布蘭德斯是他為數不多的摯友中的一位。布蘭德斯和尼采有非常多的通信來往，還為尼采寫過傳記，而正是這些資料讓我們得以全面了解尼采。

　　在學術方面，尼采的觀點在當時也不是主流。他的書讀者少得可憐，賣得最多的一本也只賣出了 2,000 本，其他大多數只能

賣出幾百本。像《查拉圖斯特拉如是說》這樣重要的著作，出版後第一次印刷的數量甚至只有 40 本。然而，即便是在這種情況下，尼采依然在努力工作和思考。

可以說，尼采有點像羅曼・羅蘭筆下那些真正的英雄——他們孤獨，但卻在充滿市儈的社會上不斷奮鬥著。在這種背景下，尼采完成了他平生最重要的著作《查拉圖斯特拉如是說》。

《查拉圖斯特拉如是說》一共有四部分，前兩部分是在尼采 39 歲（1883 年）那年出版的。在隨後的兩年中，尼采寫完了後兩部分，但經過了一些波折書才得以出版。這時，距離尼采精神崩潰只有四年的時間了。從某種意義上說，《查拉圖斯特拉如是說》可以被看成尼采對自己哲學所作的總結，它也是哲學史上一本舉足輕重的著作，在這本書中，尼采假借古波斯瑣羅亞斯德教（Zoroastrianism，又稱祆教或拜火教）創始人查拉圖斯特拉之口，講述自己的哲學思想。

一般認為，查拉圖斯特拉這個人在歷史上真實存在過，他創立的瑣羅亞斯德教是古代很重要的一支宗教。Zoroaster（瑣羅亞斯德）是「查拉圖斯特拉」這個名字的希臘文版本。不過，由於文字記載較少，我們對歷史上的查拉圖斯特拉的生活細節所知甚少，只知道他大約生活在西元前 10 世紀（歷史學家的推測從西元前 16 世紀到前 6 世紀不等），出身於一個貴族家庭。

在查拉圖斯特拉生活的年代，古波斯人信奉自然神教，崇拜太陽、月亮、水，特別是火，而且有很多繁瑣的崇拜儀式。查拉圖斯特拉原本可能是一位舊宗教的祭司，不過他對那些形式化甚至血腥的宗教儀式很反感，所以在二十多歲時決定離家出走尋找智慧。經過了大約十年的遊歷，查拉圖斯特拉獲得了某種啟示，開始相信，有一個至高無上的智慧之神阿胡拉・馬茲達，他則願意做神的先知和佈道者。後來，這一派宗教就被稱為瑣羅亞斯德教。傳入中國後，它也被叫作祆教或者拜火教。

瑣羅亞斯德教的哲學性很強，它的二元論教義對後世產生了很大的影響。在瑣羅亞斯德教的教義中，有兩位大神一直在彼此爭鬥，其中一位是代表智慧和善的神阿胡拉・馬茲達，另一位則是代表邪惡的神安哥拉・曼紐。查拉圖斯特拉講，經過一萬兩千年善與惡的較量，代表善的阿胡拉・馬茲達最終會戰勝代表惡的安哥拉・曼紐，人類將進入光明、公正和理想的王國。那時，每個人的靈魂（包括過去死亡之人的靈魂）都將受到審判，根據每個人的思想、言語和行為，決定他是上天堂享受極樂，還是下地獄接受懲罰。這些思想對後來的猶太教、基督教和伊斯蘭教都產生了很大的影響。

那麼，尼采為什麼要借這個人之口來講述自己的哲學思想呢？通常認為有兩個原因。第一，尼采是要借用瑣羅亞斯德教的

二元對立思想來闡述他哲學中的二元對立觀點。二元對立思想在尼采的哲學中非常常見，上一節講到的主人道德與奴隸道德的區分就是一個比較典型的代表。第二，在過去的基督教文化中，查拉圖斯特拉的思想屬於異端，而尼采要否定基督教宣揚的那些傳統道德，於是就借查拉圖斯特拉這個異端的名字來講述自己的思想。其實，在這本書中，與其說查拉圖斯特拉是歷史上那個先知，不如說他就是尼采本人。

《查拉圖斯特拉如是說》採用了散文詩的體裁，文字非常優美。如果拿出一小段來讀，你可能會覺得它像一首充滿哲理的雋永詩歌，非常好讀。但如果從頭到尾把整本書讀完，你可能反而不知道它在講什麼了，這是因為這本書前後的邏輯性不強。下面，我們就把這本書的線索梳理一下，看看尼采講了什麼。

這本書的第一卷講述了查拉圖斯特拉在 30 歲時離開家鄉和眾人，獨自到山上隱居。經過十年的悟道，他自覺已經得道，而且精神飽滿，於是滿懷信心地下山，向群眾宣講自己的主張。

尼采在書中寫道：「我想要贈送和分發，直到人群中的智者再一次為他們的愚蠢，窮人再一次為他們的財富而高興。」[1] 可以

---

1 德國：尼采，《查拉圖斯特拉如是說》。楊恒達譯，譯林出版社 2016 年版。本節其他引自該書的內容，也選自這個版本

看出，這時的查拉圖斯特拉有一種救世主的心態。但是，查拉圖斯特拉的說教並不受歡迎，因為大眾不理解他。雖然他也贏得了一些弟子，但最終他還是決定和弟子告別，重返孤獨。

到了書的第二卷，隱居的查拉圖斯特拉夢見自己的學說被世人歪曲，於是再次下山去和各種各樣的「現代人」爭辯。這個爭辯的過程，其實就是尼采對當時各種思想的批判。在第二卷末尾，查拉圖斯特拉形成了一種新的思想，他稱之為「永恆輪迴」。為了完善這種思想，他再次隱居，回歸孤獨。至於「永恆輪迴」，大意就是認為宇宙會以完全相同的形式不斷迴圈，同樣的事物會不斷再次出現，就像尼采在這本書中所描述的：

> 萬物皆去，萬物皆回，存在之輪永恆轉動。萬物皆死，萬物復甦，存在之年永恆地奔跑。
>
> 萬物皆破，萬物皆合；同樣的存在之屋恆久地建造自己。
>
> 萬物皆分離，萬物皆重逢，存在之環恆久地忠實於自己。

在當時，尼采這個觀點是有科學理論支持的。19 世紀中期，歐洲的物理學家認為，如果時空是無限的，那麼相同形式的物質必然會無限次地重複。

尼采將這個觀點引入哲學，體現出了尼采哲學對生命本身深刻的熱愛。很多宗教中，人通常都希望下輩子能過得更好。尼采

卻講，世界永恆輪迴，生命總會重複，但即便如此，我們依然要愛這個世界。這無疑是種更加深刻的熱愛。

前兩卷中查拉圖斯特拉的經歷，和很多人在精神上的成長過程類似。在學習、思考和頓悟之後，一個人就要回到現實世界。在現實世界，他們未必受歡迎。但是在與他人的接觸中，他會進一步感悟真理。在我看來，孔子說的「知天命」也是這個道理。

到了書的第三卷，查拉圖斯特拉對基督教傳統、舊道德和當時的社會進行了猛烈的批判。在書中，尼采用三個很精彩的排比句表達了自己義無反顧、堅持真理的決心：

你走你的偉人之路：至今被稱為你最終危險的東西，現在成了你最終的避難所！

你走你的偉人之路：在你身後不再有退路，這一定是你最大的勇氣之所在！

你走你的偉人之路：在這裡沒有人偷偷跟在你後面！你的腳磨滅了你身後的道路，路上面寫著：不可能。

在書的第四卷中，各種各樣的人物粉墨登場，有國王和各種統治者，有預言家、學者、精神魔術師，也有極醜的人和乞丐。但是，無論在做什麼、地位如何，他們都是碌碌凡人；而尼采心儀的是「更高的人」，他們擁有主人的心態，就是尼采所說的「超

人」。尼采講，上帝死了，而超人活著。正是因為不再有上帝的約束，這些人才有新生。

超人是尼采心目中理想的新人類：他們寧可絕望，也絕不屈服；他們不耍小聰明，能超越小德行，輕視那種由廉價品和舒適感構成的「大多數人的幸福」。這些超人必將受到苦難的折磨，但他們有鷹的勇氣。只有以這種方式，人才能生活得最好。有人覺得《查拉圖斯特拉如是說》還應該有第五卷和第六卷，只是因為尼采後來精神出了問題，無法繼續創作才沒有寫。但我認為，既然他已經在第四卷宣布了「上帝已死，超人活著」這個結論，全書也就應該結束了。

在讀完尼采作品的多年之後，我看了華格納的歌劇《尼伯龍根的指環》。到歌劇的第四部，神的世界崩塌了，人的世界獲得了新生。這讓我想到了尼采的《查拉圖斯特拉如是說》。這本書其實採用了與華格納的史詩一樣的結尾：熱愛絢爛的生命，嘲笑死亡，這是站起來的人對神和命運的蔑視，是超人精神的體現。

《查拉圖斯特拉如是說》一書其實是在告訴我們應該做一個什麼樣的人，答案是尼采所說的「更高之人」。這樣的人是純粹的、高尚的，同時，要成為這樣的人也是艱難的，因為這樣的人不僅孤獨，還要面對尼采所說的精神的荒蕪，直面世界中黑暗的部分。但是，正如尼采所說：「**人跟樹是一樣的，越是嚮往高處的**

陽光，它的根就越要伸向黑暗的地底。」正是因為有了這樣的人，世界才會變得更加美好。

**延伸閱讀**

♦ 德國：尼采，《查拉圖斯特拉如是說》。

# / 結 語 /

尼采是有史以來被討論最多的哲學家之一,他的哲學思想對後世的影響也是巨大的。尼采哲學誕生的背景是傳統信仰衰退,也就是「上帝已死」。隨著工業文明不斷發展,人們的財富不斷增加,真正的自由和幸福卻離人們越來越遠了。純粹理性的模式壓抑了人的個性,使人們喪失了思考的激情和創造的衝動。尼采是第一批看到近代文明問題的人,他擔心人類生命的本能因此而萎縮,於是提出了非理性的酒神精神、主人道德和超人學說。

尼采哲學對人價值的肯定和對個性自由的追求,啟發了後來的存在主義哲學家。深受尼采影響的存在主義大師沙特就講過,自由是人與生俱來的本質屬性,我們無法擺脫,在任何艱難和無助的情況下,我們都有選擇的自由!直到今天,西方文化最重要的特點依然是不斷追求人的個性和創造力,不斷否定前人和推陳出新。尼采的哲學也啟發了中國近代許多知識份子,包括魯迅、茅盾等人。他們提出,人總是需要跨越自己的前輩,並且成為新人。他們這一批人也成了改變當時社會頹廢風氣的鬥士。

直到今天,我偶爾重新翻翻尼采的書,重溫他英雄主義的哲學人生觀,也能提醒自己不做沒有個性、沒有主見的庸人,而要最大限度發揮自己的潛能和意志,去探索新的人生。

# 第 5 章

## 從抽象到行動的哲學革命

# 語言的界限
# 即世界的界限

當我們探討語言、思想和現實之間的關聯時，
維根斯坦的哲學思想總是引人深思

「太初有為」（in the beginning was the deed）是《浮士德》中的一句話。作為歌德化身的浮士德，通過一輩子的求索悟出了一個道理——世界的本源是行為，而不是大道理。後來，在《哲學研究》一書中，20 世紀著名的哲學家和語言學家維根斯坦用這句話來闡述他對知識和宗教的看法，以及我們對世界應有的態度。

哲學發展到 20 世紀之後，觸及了一個非常本質的問題：哲學是什麼？它在所有知識體系中的位置在哪裡？雖然我們常說哲學是所有學問之上最基礎的知識，但如果真的是這樣，為什麼會有那麼多無解的哲學問題，對知識的本質又為什麼會有那麼多彼此矛盾的觀點？在這方面思考最深入的是維根斯坦，他給出的解釋非常具有顛覆性，也能給我們很大的啟發。

# 哲學巨擘：
# 維根斯坦的傳奇一生

　　很多人都會有一個疑問：為什麼最有影響力的思想家，比如孔子、老子、佛陀、猶太教先知、蘇格拉底、柏拉圖和亞里斯多德都出現在軸心文明時期（西元前 8 世紀到前 3 世紀），近代卻沒有出過這樣的人呢？類似地，在科學領域，為什麼最偉大的科學家，比如牛頓、馬克士威、達爾文和愛因斯坦，大多出現在從科學革命到第二次世界大戰之前的時期，現在卻沒有這樣的人了呢？其實，這主要是因為哲學中最簡單、最容易理解的部分是在軸心文明時代奠定的，即便是近代的哲學，理解起來也要難得多，就更別說現代的哲學了。讀一讀各種哲學著作，你就會發現，笛卡爾和康德的書要比孔子和柏拉圖的書難讀得多，20 世紀哲學家維根斯坦和沙特的書就更難讀了。科學領域的成就也是一樣，了解牛頓的物理學和達爾文的進化論，可比了解量子力學和分子遺傳學容易多了。總的來說，人類知識中簡單的部分早已被前人構建完成了，剩下的都是很難的部分，所以後人的理論難免曲高和寡。

　　哲學發展到 20 世紀，可以用「曲高和寡」來形容了。但是，這並不意味著近代的哲學家不偉大，只是對大多數人來說，他們的學說理解起來有點困難。任何時代都有神一樣的人存在，維根斯坦就是這樣的人。用他的導師羅素的話講，維根斯坦是「天才人物的最完美範例」──富有激情、深刻、熾熱並且有統治力。

　　1889 年，維根斯坦出生於奧地利，後來入了英國籍。維根斯坦出生於當時歐洲最富有的家族之一，他的父親卡爾・維根斯坦壟斷了當時奧匈帝國的鋼鐵行業。有一種說法是，在當時的奧匈帝國，維根斯坦家族的財富僅次於羅斯柴爾德[1]家族。第二次世界大戰前夕，納粹德國想侵吞他們家族存在瑞士銀行的資產，其中僅黃金就有 1.7 噸之多。

　　除了經商，卡爾・維根斯坦還是藝術家們的長期贊助人，大名鼎鼎的音樂家布拉姆斯、馬勒等人都是這個家庭的常客。維根斯坦在單簧管上的造詣非常高，但他已經算是自己家裡音樂水準比較差的了。另外，奧地利的很多文豪也經常和維根斯坦家來往。維根斯坦早年被認為有寫作障礙，但他文筆其實相當不錯，這和他從小受到的藝術和文學薰陶分不開。

---

1 歐洲金融世家。在 19 世紀，羅斯柴爾德家族可以算當時世界上最富有的家族，同時也是世界近代史上最富有的家族。

　　維根斯坦是家裡八個孩子中最小的。他從小就跟著哥哥姐姐們在家裡接受教育。不過，他們家庭教育的內容和當時正規中學的教學並不接軌，因此在考入林茨的一所中學後，維根斯坦的成績並不好。和他同時期上這所中學的還有希特勒，兩個人年齡相同，但沒有確鑿的證據表明他們有過任何深入的交往。

　　維根斯坦雖然不善於考試，卻從小就愛好機械和技術，曾經渴望師從著名物理學家波茲曼。但是在 1906 年，也就是維根斯坦高中畢業時，波茲曼自殺了，維根斯坦的希望也就落空了。這一年，他前往柏林理工大學學習機械工程專業。當時飛機剛剛被發明出來，還是新鮮玩意兒，維根斯坦對此產生了很大的興趣。1908 年，他又進入英國曼徹斯特維多利亞大學學習航空工程空氣動力學。學習空氣動力學要精通數學，於是他對數學又產生了興趣。

　　當然，維根斯坦感興趣的並不限於理解空氣動力學所需的應用數學，他對最基礎的數學也很感興趣，這又讓他觸及了更底層的邏輯學。於是，維根斯坦讀了著名學者羅素與懷德海合著的《數學原理》，以及邏輯學家弗雷格的《算術基礎》，並且對邏輯學產生了興趣，他也因此認識了《算術基礎》的作者弗雷格。

　　經過和維根斯坦的交流，弗雷格發現維根斯坦簡直是個不世出的天才，於是把他推薦給了當時在劍橋大學三一學院做教授的

羅素。雖然羅素比維根斯坦年長近二十歲,但他與維根斯坦相見恨晚,甚至說與維根斯坦的相識是他一生中「最令人興奮的智慧探險之一」。後來,羅素成了維根斯坦的老師。

當時,很多數學家、哲學家和邏輯學家都在做一件事,就是把數學、哲學和邏輯學統一起來。比如,著名數學家希爾伯特就有一個大計畫──試圖通過邏輯和公理構建出所有的數學知識。羅素和維根斯坦師徒二人則致力於哲學和邏輯學的研究。羅素提出了形式邏輯,也就是不依賴任何主觀概念,通過符號建立一種純粹的邏輯系統。人們日常使用的邏輯,比如三段論,都可以用形式邏輯來表述。此外,形式邏輯還是今天電腦科學的基礎。

在研究邏輯學時,維根斯坦開始思考非常深刻的哲學問題:哲學和邏輯學的相關性是什麼?或者說,哲學是否也能像數學一樣用邏輯來表述?又或者說,哲學問題能否通過邏輯找到答案?在羅素和維根斯坦之前,沒有人考慮過這個問題。當年亞里斯多德也是把哲學和邏輯學完全分開的,他將哲學列入形而上學,將邏輯學作為工具。

在一次去挪威的旅行中,維根斯坦發現,他拜訪的那個挪威小鎮與世隔絕,荒涼而又寧靜,能夠讓人靜下心來思考哲學問題,於是就在挪威生活了兩年。

1914 年,維根斯坦回到故鄉維也納,正好趕上第一次世界

大戰，於是他主動參軍，要求上前線。維根斯坦這麼做不是因為愛國，而是因為他覺得，人只有在面對死亡時，才能把很多終極的哲學問題想清楚。在戰場上，維根斯坦接受過很多非常危險的戰鬥任務，包括在戰場無人區的觀察哨為炮兵部隊指引炮擊方向等。後來，他又先後被派往對俄羅斯和義大利作戰的前線，並獲得了奧地利軍隊的佩劍軍事功績獎章。

1918 年夏天，維根斯坦請了軍假，在維也納的一處避暑別墅完成了他的第一部學術專著《邏輯哲學論》。這本書不到 80 頁，卻是 20 世紀最重要的哲學著作之一。據說，維根斯坦曾經給身在劍橋的老師羅素寫信，說如果他不幸死於戰場，請羅素務必要讀完他的這部書稿。這本書可能很難懂，但是希望老師不要放棄，一定要讀下去。當然，維根斯坦並沒有死於戰爭，《邏輯哲學論》的德文版於 1921 年出版，英文版也於 1922 年問世了。

第一次世界大戰結束後，維根斯坦受到布爾什維克共產主義思想的影響，希望為底層民眾做點實事，而不是躲在城市裡做學問。於是，他決定去做一名鄉村小學教師。在鄉村小學，維根斯坦對學生們充滿了熱情，但家長們對他古怪的思想和做法不買帳，甚至還報了警。在做小學教師「失敗」後，維根斯坦依然沒有放棄通過勞動為底層民眾做貢獻的想法，於是他到一個修道院當園丁的助手，從事體力勞動。掌握了家族不少財產的他的姐姐

瑪格麗特擔心他是不是精神出了問題，於是要求他協助設計並負責建造自己的一棟豪宅——這棟豪宅後來曾經被用作保加利亞駐奧地利的使館。這項工作讓維根斯坦獲得了建築師的資格。

1927 年，維根斯坦在維也納認識了一群學者，這些人把他寫的《邏輯哲學論》奉為圭臬。認識了維根斯坦本人後，這些學者就邀請他參加學術圈的討論，但他依然拒絕回到學術圈。真正讓維根斯坦回歸學術圈的，其實是一件非常偶然的事情。

1928 年春天，維根斯坦在維也納聽了數學家布勞威爾有關「數學、科學和語言」的一次講演，之後他重新萌發了強烈的哲學探索的興趣，於是在 1929 年回到了劍橋。因為維根斯坦尚未取得博士學位，無法獲得劍橋大學的教職，所以羅素就讓他把修改後的《邏輯哲學論》作為博士論文提交上去，以獲得學位。據說在論文答辯結束時，維根斯坦拍了拍評審委員會一名考官的肩膀說：「別擔心，我知道你永遠也不會明白。」獲得博士學位後，維根斯坦就留在了劍橋大學三一學院研究哲學。這一年，他 40 歲。

維根斯坦並不是一個很安分的人，他能在劍橋專心做學術研究的一個重要原因是，德國納粹政權在歐洲排猶，他回不去了，他的兄弟姐妹也因此四散到了世界各地。不過，在劍橋十幾年的哲學研究讓維根斯坦感覺之前的很多想法似乎出了問題，不僅是他出了問題，而且是整個哲學從一開始就出了問題。於是，1947

年，他從劍橋辭職，專心思考和寫作，直到 1951 年去世，走完
他傳奇的一生。

　　維根斯坦去世後，他的學生把他沒有寫完的著作整理出版
了，這就是《哲學研究》一書。這本書中的觀點和《邏輯哲學論》
中的相差非常大，以至於羅素完全無法接受，兩人甚至因為學術
思想的差異導致了私人關係上的裂痕。但是，維根斯坦認為他後
期的哲學思想才是真正有價值的。今天，無論是哲學家、邏輯學
家還是語言學家都承認，《哲學研究》中的思想不僅震撼，還具
有劃時代的意義。

**延伸閱讀**

◆ 英國：雷‧蒙克，《維根斯坦傳》。

# 語言的極限
# 就是世界的極限

　　《邏輯哲學論》是一本給語言學家、哲學家和認知科學學者帶來了巨大啟發的書。本書說明了語言對思維、邏輯和哲學的作用。具體地講，就是語言是如何限制人們思維的。了解這點，對於理解他人的思維很重要，也能讓我們學會有效地使用語言。

　　在寫這本書之前，維根斯坦受到導師羅素以及哲學家叔本華、尼采的影響。羅素致力於將原來用自然語言描述的邏輯形式化，用符號和類似於數學運算子的邏輯符號來表示。他取得了巨大的成功。後來的語言學家們也致力於用符號表示人類的語言。比如，用符號來表示那些標準化的語法規則。再進一步，人們就會提出一個疑問：人的思維是否可以符號化？如果可以，那麼理性就可以解決所有的問題。如果不可以，那麼人類的理性就有邊界。這個問題沒人能夠回答。

　　羅素和希爾伯特等人當然希望理性的邊界無限寬，但叔本華、尼采等哲學家，以及華格納、歌德等日爾曼浪漫主義者顯然

不同意這種看法。維根斯坦提出語言圖像論，回答了理性邊界的問題，被認為是迄今為止最好的回答。

關於維根斯坦的學說是如何形成的，一種廣為流傳的看法是，維根斯坦對語言的思考受到了當時法國一則新聞的啟發。那則新聞講，一位律師在法庭上用模型還原了車禍的場景。維根斯坦想，模型是虛假的、類比的，之所以能夠還原現實世界，是因為它和現實世界有連繫。而我們之所以能夠描述現實世界，也是因為我們有一個模型，這個模型就是語言。基於這種想法，維根斯坦提出了語言圖像論，這是他早期哲學的核心思想。不過需要注意的是，維根斯坦所說的圖像不是指我們平時看到的照片或者電腦上的圖像，而是指語言和現實世界之間的對應關係，相當於數學上說的映射，或者哲學上說的表象。比如，我們說「汽車」這個詞，就對應於世界上的一類事物。

當然，世界是複雜的、變化的，萬物之間是相互關聯的，但語言為什麼能和現實世界相對應呢？維根斯坦認為，這是因為語言和現實世界共用同一種東西——邏輯。**語言通過邏輯再現真實世界的圖像**，這就是語言圖像論的核心思想。

在語言圖像論中，語句的含義和對錯無疑非常重要。人類在使用語言描述世界時，最常用的一類句子叫作「命題」，它們是邏輯的基本單元，也是對世界的基本描述。所謂命題，就是能

夠判斷真偽的陳述句。比如，你說「班上的同學這次考試都及格了」，這就是一個命題。但是，如果你問「班上的同學這次考試都及格了嗎？」，或者感慨「啊，這次班上的同學考得真好！」這兩句就不是命題，因為它們沒有真偽可言。

在維根斯坦之前的邏輯學家都認為，有些命題的真偽依賴於現實世界的實際情況，有些命題則本身就是對的或者錯的，與現實世界的具體情況無關。比如，「班上的同學這次考試都及格了」，這個命題的對錯取決於那次考試的成績。但是，我們說「單身人士是不在戀愛或者婚姻狀態的人」，這個命題永遠是對的，和具體某個人有沒有結婚無關。前面在講萊布尼茲的充分性推理時說過，這種命題被稱為永真真理。從本質上講，數學上的所有定理都屬於永真真理，不依賴於現實世界。此外，還有一些命題本身就是錯的，也不依賴於現實世界。比如，我說「我今天會去卡巴地，並且我今天不會去卡巴地」，你不需要知道卡巴地究竟是什麼，就能知道這句話是錯的，這是一個矛盾句。

不過，與之前的邏輯學家、哲學家的觀點有所不同，維根斯坦特別指出，除了依賴現實世界具體情況的命題，以及本身就能判斷對錯的命題，還存在第三種命題，就是沒有意義的命題。比如，很多哲學家講，人的死亡是新的開始。在維根斯坦看來，這個命題就沒有意義，因為沒有經歷過死亡的人無法體會這一點，而一個人

一旦經歷了死亡，他就再也無法言說這一點。再比如，你和一個相信自己幻覺的瘋子講，他看到的幻象是不存在的。對他來說，這也是一個毫無意義的命題，因為你們兩人的世界可能是不相容的，你們並不在同一個世界的基礎之上對話。

就算是在平時的生活中，也經常會出現無意義的對話。比如，張三和李四經常討論人道主義、正義、愛國、友誼等話題，但他們完全無法達成共識，最後總是以吵架收場。再比如，一對情侶在聊感情的事，他們也無法達成共識，最後只能說不聊這個了，然後互不搭理。這種現象，用維根斯坦的語言圖像論就很好解釋。張三和李四、情侶之間在談論這些話題時，各自在腦子裡形成的語言圖像不同。比如，張三認為人道主義就是重視人的自由和價值，李四則認為人道主義只是不讓人餓死。因此，在他們看來，對方講的話就是沒有意義的命題。有些時候，他們的想法觸及了各自能夠使用語言表達的極限，於是這些想法無法表達出來，而接下來的溝通就是無意義的，因為他們不能互相理解。

很多人會認為，沒法表達自己的想法是因為他們語文沒學好，表達能力太差。維根斯坦告訴我們，即便是語言能力再強的人，也有表達不了的想法。這不是具體哪個人的問題，而是語言本身的問題——語言是有極限的。每個人的語言極限是不同的。維根斯坦講過一句名言：「我的語言的界限，意味著我的世界的界

限。」因為在語言能力之外的世界，是描述不出來的；而如果一定要描述，別人也會產生誤解，或者覺得聽起來毫無意義。

我在很多場合都談到過一個觀點：所有人都一定要學好語文，它比數學更重要，因為如果我們想表達的想法和感受超出了自己的語言能力，那麼我們是不可能表達清楚的。很多人有一個誤解，就是認為數理化學得好的人更聰明、智力水準更高。其實人的智力水準是多層面的，美國著名教育學家和心理學家加德納講，人的智慧是多元的，其中一個特別重要的層面就是語言能力。**語言能力的高低，決定了我們能夠接受的世界的大小。**雖然我們都面對著同一個世界，但由於每個人的思維能力和表達能力不同，他真正能夠看到和理解的世界只是其中的一部分，而語言能力決定了這一部分的大小。

因此，在過去的幾十年裡，我雖然時常中斷在數學、科技和金融方面的能力的提升，卻一直提醒自己不能中斷對語言能力的提高，並且爭取接近這方面的極限。

在《邏輯哲學論》中，維根斯坦寫下了一句名言：**「一切可以說的，都可以說清楚。對不可說的，我們必須保持沉默。」**[1] 這句話有兩層含義。

---

1 奧地利：維根斯坦，《邏輯哲學論》。黃敏譯，中國華僑出版社 2021 年版。

　　第一層的含義是指出人類語言有其極限。也就是說，人類的一切，世界的一切，有一部分是可以用語言描述的，這部分必定能夠被人描述清楚。比如，人類已經發現的數學規律、自然科學規律，以及已知的所有事實等，都被維根斯坦歸到了可以說的一類。當然，「可以說」是指人類有能力說清楚，並不等於具體某一個人能說清楚。比如，抽象代數中有關群、環、域的理論是可以說的，但不等於某個特定的人能搞懂它們。拋開那些可以說的事物，世界上還有一類客觀存在的事物，比如藝術、情感等，是不可說的，說了也白說。對這類事物，我們就不要試圖用語言去描述它們了。這是維根斯坦這句話的基本含義。

　　第二層含義，也是更深的一層含義──它指出人類理性的認知是有極限的。在這方面，維根斯坦很可能是受到了尼采等人的影響。

　　在維根斯坦之前的時代，科學家們希望通過科學研究解決所有問題。但維根斯坦認為，理性，包括科學，不可能解決所有問題。在科學之外，還有價值問題、宗教問題等等。理解了這一點，我們就能明白為什麼很多技術明明已經實現了，卻在當前無法應用到社會之中。比如，研製無人駕駛汽車，現在遇到的問題不是技術問題，而是大家從心理上是否願意接受的問題。截至

2020 年，Waymo[1] 已經在美國測試了兩千多萬英里，沒有出過嚴重的交通事故。而根據美國勞工部的資料，在美國，駕駛汽車，每一千萬英里的累積里程，就會出現 20 次左右的嚴重交通事故，即有人受到重傷。只有財產損失，沒有人員傷亡的交通事故更是多出一個數量級。因此，單純看目前的無人駕駛技術，它已經比人安全大約兩個數量級了。而且，早在 2018 年，Waymo 就做到了讓無人駕駛汽車往返美國東西海岸兩次（相當於往返哈爾濱和深圳兩次），只需要人工干預一次，便利性也不容置疑。那麼為什麼這種汽車還不能大規模普及呢？這主要有兩個原因。首先，民眾普遍能夠接受美國一年有 3 萬多人死於汽車的交通事故，覺得人為疏忽是難以避免的，但絕大部分人卻拒絕接受哪怕是一起自動駕駛帶來的交通事故。其次，在交通的過程中有很多問題和駕駛無關，屬於人與人之間溝通的問題，它們也不屬於科學和技術的範疇。比如，在一個只能容一輛汽車行駛的單向通行的小巷子裡，如果我故意站在無人駕駛汽車面前不讓路，它就沒辦法了。它既不能退回去，也不能違反機器人第一定律——不得傷害人。相反，如果是人開車，遇到這種情況，他會下車和我交涉。

---

1 Waymo 是一家研發自動駕駛汽車的公司。開始是 Google 創立的，後於 2016 年從 Google 獨立出來，成為 Alphabet 公司旗下的子公司。

如果我執意不讓路，他可以打電話叫員警把我拖走，因為我違反了道路使用的約定。但是，這種處理辦法不在科學範疇內。

另一方面，科學技術可以做到某件事，也不等於人就可以去做那件事，因為在現實世界中，科學之外還有倫理道德等問題。比如，我們不能隨意複製人類，不是因為科學上做不到，而是因為它不符合倫理，甚至可能會引起大的災難。因此，人類除了關心那些和理性有關的方方面面，還要關心道德、倫理、宗教等方面。

今天西方的知識階層對維根斯坦評價很高，一個重要原因就是他提醒人們，在哲學和科學的疆界與理性的限制之外，還存在繁多的經驗，人類需要面對價值的問題，以及涉及上帝與宗教的問題。對此，他指出一條明路：「對不可說的，我們必須保持沉默。」

在完成《邏輯哲學論》一書時，維根斯坦認為所有哲學問題都已有了答案，雖然哲學只是世界的一部分。不過，後來維根斯坦覺得哲學的問題越來越大，甚至從一開始路就走錯了。這又是怎麼一回事呢？

**延伸閱讀**

◆ 英國：雷·蒙克，《維根斯坦傳》。

# 哲學「終結」了嗎？

　　維根斯坦一生著作並不多，只有《邏輯哲學論》和《哲學研究》兩本。《邏輯哲學論》是他前期的思想，他從語言的局限性出發，為理性劃定了一個邊界。在這個時期，他對哲學的態度基本是正面肯定的，甚至是尊崇的。但是，隨著思考和研究的不斷深入，維根斯坦不僅對哲學有了和以前不同的思考，而且開始懷疑哲學本身，懷疑人類兩千多年的哲學發展是否都走錯了路，以至於讓哲學成了空洞的形而上學。在這方面，他和尼采的想法頗有相似之處。

　　我們稍微回顧一下尼采的思想。尼采看到，科學革命和工業文明的發展讓傳統的權威、既定的信仰和過去的道德習慣都不復存在了，因此他說「上帝已死」，現在我們要重估一切價值，昇華為新人類。尼采就像一位醫生，發現人類社會老了、病了，然後開出了他的藥方。他認為，既然當時的問題是理性主義走到了盡頭，那麼我們就需要重新回到尊重個人價值、激發人本身創造力的方面。

　　維根斯坦的想法更進了一步，他發現哲學本身病了，也作出了自己的診斷。那麼，在維根斯坦看來，西方流傳兩千多年的哲學究竟出了什麼問題？為什麼會出這種問題？

## 「語言圖像」和「語言遊戲」

　　維根斯坦還是從語言這個工具入手，他認為是<mark>人對語言的不同理解誤導了我們</mark>。

　　在維根斯坦之前，幾乎所有哲學家都會認可一個事實：人可以通過自己的理性，訴諸語言來認識世界。為了做到這一點，人會為世界上所有的事物命名。事實上，任何一個學科的發展都是從命名開始的。比如，幾何學要從有「點」、「線」、「面」這些幾何體的名稱開始；化學要從有「酸」、「鹼」等基本概念開始；甚至《聖經》中也講，上帝創造萬物之後，要讓亞當給萬物命名。

　　一個事物有了名字，之後我們在思考的時候，就會用它的名稱來思考了。比如，你說「北京的房子價格很高」，在說這句話時，「房子」在你腦中只是一個名稱，你腦中並不會出現一座具體的有梁有柱的房子。聽你說這句話的朋友，腦中想到的也是那個抽象的房子。如果在對話的時候，你想的是一棟具體的三層小樓，他想的是一個具體的四合院，那你們的談話接下來就很有可

能出問題。

不過，一個事物的名稱除了是一個抽象的詞語，同時還對應著一個真實、具體的形象。比如，一個包工頭對建築工人說，給我把房子砌整齊了，這時建築工人想到的就是蓋房子的具體行動。因此，維根斯坦講，**語言不僅能反映現實，還能創造行動，從而創造出事實。**後一點非常重要。他把語言的前一種功能，也就是從現實中抽象出概念的功能叫作「語言圖像」，這就是上一節講的內容；把語言的後一種功能，即創造行動的功能叫作「語言遊戲」。語言圖像就是描述現實、陳述命題的語言，語言遊戲則是作為生活形式的語言。

維根斯坦認為，之前哲學家的錯誤就在於混淆了語言圖像和語言遊戲，把作為生活形式的語言當成了描述現實的語言來討論問題。比如，哲學家們經常討論生命是什麼。我們會說，如果浪費生命，生命就流逝了，就如同某個東西經過我身旁，然後遠去、消失了。維根斯坦認為，人們會這樣思考，是因為使用了描述空間的語言來描述時間——「一個東西離我遠去」是對空間的描述，而「生命流逝」應該是對時間的描述。哲學家在談論生命時，卻可能把二者混為一談。很多無解的哲學問題就是這麼創造出來的。

維根斯坦講，如果哲學家們小心審視自己使用的語言，會發現很多看似矛盾的「哲學問題」其實都不是問題。他拿佛洛伊德

做比喻，說佛洛伊德是在治療心理有疾病的人，那些病人生活在自己構建的矛盾中，而維根斯坦所做的是治療哲學本身。在維根斯坦看來，過去的哲學家混淆了語言的兩種屬性，人為地製造出了矛盾的世界。很多哲學家窮其一生追尋那些看似深刻、無解的問題，不過是試圖在矛盾中尋找真理罷了。

## 重估歷史上的哲學

提出了語言遊戲的理論之後，維根斯坦把它作為工具，重新評估歷史上的哲學。

從哲學誕生之初，哲學家就在不斷追問各種事物的本原是什麼。比如，蘇格拉底就曾經追問到底什麼才是虔誠，什麼才是正義。有人回答他，我的父親不敬神，我控告了他，這就是虔誠。蘇格拉底講，這只是虔誠的一個例子，不是虔誠的本質。兩千多年來，西方哲學不斷追問萬物的本質是什麼。而維根斯坦認為，這正是哲學的問題所在——我們怎麼能假設萬物都有所謂的本質呢？比如，愛的本質是什麼？很多人說愛是一種互相傾慕的感情，人們渴望對方成為自己生活的一部分。

但是，父母與兒女之間的愛就未必如此了。黑格爾進一步把愛抽象成情感關係，但老師愛學生更多的是出於義務，而非情

感。更具諷刺意味的是，如果兩個相愛的人開始空談愛的定義，那他們此時就恰恰停止了彼此相愛的行為。因此，維根斯坦引用《浮士德》中的一句話作為座右銘——「太初有為」，一切的開端是行動，然後才有語言和思想。

既然先有行動，再有語言，那接下來的問題就是：語言能否準確地表達行動呢？這裡的行動也包括我們的思維活動。維根斯坦認為，很多時候這也是做不到的。比如，一個每天說「我愛你」的人，和一個從來不說「我愛你」，卻用行動表達愛的人，哪個更愛對方呢？如果你認為只有能講出一套有關愛的理論才能證明自己愛對方，那你就屬於蘇格拉底一派；如果你認為行動就是愛的證明，不需要給出愛的定義，那你就屬於維根斯坦一派。如果你覺得可以抽象地討論愛人類，那你就屬於蘇格拉底一派；如果你覺得需要通過愛具體的人來愛人類，那你就屬於維根斯坦一派。換句話說，對於語言究竟能不能準確地表達行動這個問題，維根斯坦的看法是否定的。

這個問題也出現在數學領域。維根斯坦和著名數學家、「電腦科學之父」圖靈有一個著名的爭論——我們應該說「發明」了數學定理，還是應該說「發現」了數學定理？圖靈認為，應該說「發現」了數學定理或者數學規律，因為它們本來就在那裡，是客觀的。基於這種理論，數學就可以回溯到某些本原上，然後從

本原出發構建出完備、一致的系統。著名數學家希爾伯特想做的就是這件事。維根斯坦則認為，數學只不過是數學家們規定了某種原則，然後符合這些原則的結論就被認為是真理。因此，應該說是那些研究數學的人「發明」了數學定理或者數學方法。比如，笛卡爾把代數公式用幾何圖形表示出來，大家認可這種方式，我們就說笛卡爾「發明」了解析幾何；同樣，我們也說牛頓和萊布尼茲「發明」了微積分。

維根斯坦說，如果大家沒有共識和公認的原則，那就像是用一把有彈性的橡皮尺去量一個箱子的尺寸，每個人量出來的數據都不一樣。我們之所以能說出一個箱子的長寬高，是因為用剛性的尺子去測量。只有大家都認可這個規則，才能得出對箱子尺寸的表述。所以，脫離了數學家共同體的共識，就沒有客觀的法則。

維根斯坦將這個觀念進一步推廣到了遵守規則上。他認為，無論是法律還是自然法則，它們之所以有意義，不是因為我們能講清楚它們為什麼「合理」，而是因為我們習慣於用它們來約束自己的行為。這一點，維根斯坦是從尼采那裡得到的啟發。尼采認為，基督教不是內在的信仰，而是外在的實踐；有的基督徒連《聖經》都沒有讀過，卻能按照基督教的教義生活。同樣，一個人理解了知識的標誌不是能夠背誦這些知識，也不是能夠把這些知識說給別人聽，而是能夠用好這些知識。

最後，維根斯坦給出了他對哲學的終極看法——**世界上其實並沒有哲學的位置**。為什麼這麼說？因為能夠使用語言說清楚的事情，無論使用的是自然語言還是人造的數學語言、邏輯語言或者電腦語言，屬於數學和科學的範疇；無法使用語言表達的事情，則屬於藝術的範疇，這中間沒有給哲學留下位置。也就是說，維根斯坦花了一生的時間試圖解決哲學的根本問題，最後卻發現那些問題都是人類的庸人自擾，等於一個哲學家給傳統哲學宣判了死刑。

維根斯坦這個觀點對整個思想界的衝擊可想而知，就連他的導師羅素也無法認同，以至於和他的個人關係都破裂了。不過，維根斯坦的理論確實振聾發聵，直到今天，進行哲學研究的人都繞不開他。維根斯坦開創的哲學門派被稱為分析哲學，強調語言和邏輯對哲學的影響。這也是第二次世界大戰之後直到今天，西方大學，特別是英語國家哲學研究的主流。

至於維根斯坦的哲學為什麼前後有這麼大的變化，有一個人起到了舉球員的作用，那就是英國數學家和哲學家弗蘭克‧拉姆齊。拉姆齊比維根斯坦小 24 歲，他受到羅素和維根斯坦的影響，把語言和哲學的關係研究得更透徹。之後，維根斯坦在和拉姆齊的交流中又受到了新的啟發，把哲學從純粹、抽象、完全合乎邏輯的知識結構拉回到現實生活中，也就是他所說的太初有為。非

常遺憾的是，拉姆齊只活了 27 歲，他的使命彷彿就是給維根斯坦做一次舉球員。

## 維根斯坦哲學的現實意義

我接觸到維根斯坦的思想是在約翰・霍普金斯大學讀書的時候。從事人工智慧，特別是自然語言處理研究的人，如果想成為頂級學者，就必須對語言、邏輯和哲學有深刻的理解，否則最多只能成為手藝還不錯的工匠。這也是很多普通學者和世界一流科學家之間的差距。因此，在學校裡，我們同學師友之間經常會談到維根斯坦、杭士基和圖靈等人。相比於其他學術泰斗，維根斯坦更能給人思想上的啟發。

比如，雖然維根斯坦主要探討的是哲學和理性的問題，但他提醒我們重新審視人類認知、道德價值判斷和有效交流的問題。舉一個具體的例子。只有理解了理性的邊界和理性主義認知方法的邊界，才能知道人工智慧的邊界在哪裡，因為它是在理性之內的。知道了邊界，才能做正確的事情，而不會去構建沒有基礎的空中樓閣。類似地，一個投資人，只有知道理性的邊界在哪裡，才能理解市場的不理性特點，並且基於這個特點作出正確的判斷。在生活中，我們只有理解了人類的不理性，才能清楚跟什麼人可

以講道理，跟什麼人相處最好的做法就是徹底忽略他們的存在。

再比如，維根斯坦指出了語言在思維上的作用和局限性。一方面，我們都應該清楚，我們的抽象思維離不開語言這個媒介。你可能經常看到，有人在思考時會喃喃自語，其實這就是語言對思維的影響。另一方面，不同人對語言的不同理解妨礙著我們的交流。語言能力不足，會妨礙我們的思考和行動。舉個例子，對有些能熟練掌握兩種或者多種語言的人來講，他們的思維會在不同語言之間切換，有些問題只能用特定的語言才能想清楚。這些人的思維邊界比只能講母語的人更寬。可以說，一個西方人即使再聰明，如果不會中文，也無法理解李白、杜甫詩中的含義；類似地，如果一個中國人的英語水準還停留在外語水準，那就很難讀懂莎士比亞的著作。

維根斯坦的思想讓我觸動最大的是「太初有為」這句話。結合他整體的思想，我們可以把這句話理解為行動先於語言，先於抽象的概念。並非所有的時候，我們都能尋找到事情的本源，再從本源出發做事情，而是得先把事情做起來。世界上絕大部分發明家都是行動派，他們很多時候其實並不知道什麼樣的發明最好，但是他們一直沒有停止行動，一直在科學試錯，最終可能因為行動而理解了要發明東西的本質。不過，外界會把他神化，會強調其中戲劇化的成分，好像他們總是因為靈光一現看到了別人

看不到的本質。當然，行動需要圍繞一個中心進行，並非所有的行動都是有意義的。今天，全世界大部分人都認可，人的存在本身和人的價值應該是我們行動的出發點和目的。從這個角度講，被看成存在主義的哲學基礎的維根斯坦和尼采的理論，至今依然有它們的現實意義。

**延伸閱讀**

◆ 英國：雷·蒙克，《維根斯坦傳》。

## ╱ 結 語 ╱

就如同希爾伯特重新審視數學、尼采重新審視價值一樣，維根斯坦重新審視了哲學。

從最初的關注宇宙，到關注獲得知識的方法，再到關注我們自身，哲學經歷了兩千多年的進化。近代以來，哲學一直在為人們獲得自由、彰顯個性提供理論根據，特別是當工業文明導致人的自由被社會集約化和追逐利益的商業化所傷害時，哲學家們關注的焦點變成了人類自身的情緒感受、快樂和幸福。在歐洲大陸國家，這表現為以叔本華、尼采、海德格、沙特等為代表的存在主義；在英語國家，這表現為以羅素、維根斯坦為代表的分析哲學。

與在書齋裡咬文嚼字的哲學家有所不同，維根斯坦最終認識到「太初有為」的意義，拋棄了那些人為創造出來的、無病呻吟的哲學問題，讓我們關注具體的行動，而不是抽象的概念。維根斯坦的哲學思想和尼采的哲學一樣，都具有無比強大的衝擊力，在打擊我們脆弱神經的同時，也帶給我們新生。尼采向世人發出「上帝已死」的呼聲，宣稱舊的道德觀和價值觀必須被徹底摧毀，讓我們重估一切價值。維根斯坦則告訴我們理性的邊界，指出對不可說的，我們必須保持沉默。他們兩人的共同特點，就是都主張以人自身作為自己存在的意義和價值的基礎。

# 後 記

　　黑格爾把歷史分為三個層次，自然的歷史、反省的歷史和哲學的歷史，其中哲學的歷史是最高的。所謂自然的歷史，就是我們平時所說的歷史，各種歷史故事和事件都屬於這一類。反省的歷史是人類對歷史經驗教訓的總結，我們說以史為鑒，就是指反省的歷史。哲學的歷史包括文明的歷史、科學的歷史、思想文化的歷史等等，這才是人類發展到現在最有價值的部分。人類所創造的文明以及全部的知識，都在其中。在我讀的各種書中，最有價值的當屬歷史上這類著名思想家的著作，以及關於那些思想家、哲學家的傳記。這些書不會教人如何賺錢，不會直接幫人解決生活中的具體問題，卻能教給人智慧，因為那些書中濃縮了人類文明成就的精髓和人類思想的結晶。

　　從大學時代，我就開始系統地閱讀這類哲學著作和思想家們的經典著作，並且在生活和工作中去體會他們的思想，將他們的思想作為工具理解身邊的世界，解決日常遇到的各種問題。如果沒有從那些書中學到的思想，我能取得的成就可能連現在的十分之一都沒有。

　　2014 年離開 Google 之後，我有了一些閒暇時間來閱讀和思

考。於是，我開始把過去讀過的各種哲學著作重讀一遍，對於那些過去只讀過中譯本的書，我也找來英文版本讀——雖然很多哲學著作的原文並不是用英語寫成的，但從其他歐洲語言翻譯到英文，遠比翻譯到中文能更好地保持原意。為了把一個思想家的思想放在相應的時代背景和歷史環境中去理解，我又讀了很多思想家的傳記。在每日的生活中，我時常受到先賢們的思想和智慧的啟發。後來，我有了用通俗的語言將先賢們的哲學思想分享給大家的想法。而做這件事先要對那些思想做一個系統性的整理，但我總被工作中的各種瑣事打斷，一直沒有去做。

2020 年全球疫情期間，我有將近半年的時間一直待在家裡，這讓我能夠系統地整理自己的閱讀心得，並做了充分的筆記。正巧「得到 App」邀請我開設《矽谷來信 3》的專欄，於是我就把自己閱讀上述書籍時記錄的筆記，與過去思考的一些哲學和方法論的問題，以及我在實踐中的一些體會相結合，以專欄的方式呈現給了廣大讀者。相比那一季來信中的其他內容，我覺得和思想、哲學有關的這部分內容是最有特點，也最為深刻的。

在《矽谷來信 3》的創作過程中，「得到」創始人羅振宇、CEO 脫不花、內容品管負責人之一的李倩、課程編輯陳玨和楊露珠都做了大量的工作。從內容策劃到編輯校對，他們給我了很多幫助。「得到」的其他專欄作家，如劉潤老師、陳海賢老師、

賈行家老師、諸葛越老師、施展老師、卓克老師和王太平老師，對我本人和這個專欄給予了巨大的幫助和支持。至今，三季《矽谷來信》專欄累計有近 40 萬人次訂閱了。很多訂閱者經常來這個專欄的文章下留言，給了我非常有價值的回饋。通過和他們交流，我也受益匪淺。

在《矽谷來信 3》結束之後，我將其中關於先賢思想和智慧的內容進行了整理和再創作，寫成了《境界》這本書。而在本書的創作過程中，「得到」圖書業務的負責人白麗麗和編輯王青青幫我把專欄內容改編、擴充為正式的圖書，她們參與了本書從選題策劃、文稿整理到編輯、校對的全部工作。在此，我向他們表示最衷心的感謝。

最後，我也要感謝我的家人對我開設《矽谷來信》專欄和創作這本書的支持。作為我的第一批讀者，她們給予了我很多回饋和建議。

《矽谷來信》專欄和《境界》這本書，是從我個人的視角來解讀各種問題和現象，因此難免存在很多局限和不足之處。對於很多問題的看法，本書也只是拋磚引玉，希望讀者朋友斧正，更希望大家發表自己的見解。

# 境界

站在巨人肩膀上，吳軍博士帶你領略先哲思想，開拓人生新視界

作者：

總編輯：張國蓮
副總編輯：李文瑜、周大為
責任編輯：謝一榮
美術設計：何靜宜

董事長：李岳能
發行：金尉股份有限公司
地址：新北市板橋區文化路一段 268 號 20 樓之 2
傳真：02-2258-5366
讀者信箱：moneyservice@cmoney.com.tw
網址：money.cmoney.tw
客服 Line@：@m22585366

製版印刷：緯峰印刷股份有限公司
總經銷：聯合發行股份有限公司

初版 1 刷：2024 年 9 月

定價：420 元

國家圖書館出版品預行編目（CIP）資料

境界：站在巨人肩膀上，吳軍博士帶你領略先哲思想，開拓人生新
視界 / 吳軍著 . -- 初版 . -- 新北市：金尉股份有限公司, 2024.09

面；　公分

ISBN 978-626-7549-02-5( 平裝 )

1.CST: 人生哲學

191.9　　　　　　　　　　　　　　　113012818

Money錢

**Money錢**